JN410398

이진영 산문집

10초

이진영 산문집

1판 1쇄 인쇄/ 2017년 10월 20일
1판 1쇄 발행/ 2017년 10월 25일

지은이 / 이 진 영
펴낸이 / 우 희 정
펴낸곳 / 도서출판 소소리

등록 / 제300-2007-21호
주소 03073 서울 종로구 성균관로5길 39-16
전화 / 765-5663, 010-4265-5663
e-mail: sosori39@hanmail.net
www.sosori.net
값 13,000 원

*잘못된 책은 바꿔드립니다.

ISBN 979-11-5891-088-4 03810

이진영 산문집

책을 내면서

희망(hope)이라는 단어가 영어에 등장한 건 약 1천 년 전이랍니다.

확신과 소망을 결합한 의미를 가지고 있습니다.

그 단어는 단어 이상의 의미를 지니면서 수많은 이들에게 절망 대신 꿈을 선물했습니다.

근래 우리나라 젊은이들이 만든 신조어 중 '웃프다'라는 말이 있습니다

'웃기고 슬프다' 그 말처럼 웃음 뒤에 서린 눈물의 깊은 의미까지를 헤아릴 수 있다면…. 그런 글을 쓰고 싶었습니다.

천 년 전에 누가 만들었다는 희망이란 단어와 최근 만들어졌다는 웃기고도 슬픈 이야기를 내 글에 담고 싶다는 소망을 갖습니다.

독자들에게 또 하나의 새로운 의미를 가슴 속에 선물하고 싶어서요.

그런데 내 글, 웃기나요?

슬픈가요?

희망적인가요?

하나님이 제게 주신 최고의 선물은 감사입니다.

감사는 나를 지탱하는 힘이며, 아픔을 이길 수 있는 자기 최면이기도 했습니다.

하나님, 감사합니다.

2017년

그대를 훔치다

길에는 바람이 있다

시간의 담을 넘어

꽃이 피었다

그대를 훔치다

가짜에 대하여

하나

"이건 진짜입니다. 이건 정말 순 우리 깨로 짠 진짜 참기름입니다."

진짜를 위하여 '순'에 '진짜'까지 들먹거리면서 몇 번이고 힘주어 확인을 시켜도 긴가민가하다.

뿐인가 얼마 전 우리는 충격적인 뉴스보도에 경악을 금치 못했다. 바로 중국의 가짜 달걀 때문이다. 사람이 인위적으로 화학약품 등을 혼합하여 만든 가짜 달걀이 싼 가격에 유통되고 있다는 보도였다. 중국에서는 엄마만 빼놓고 다 가짜를 만들 수 있다는 우스갯소리도 있다. 그만큼 가짜가 판치는 세상에 살고 있는 것이다.

둘

라스베이거스 베네티안 호텔이다. 중세 르네상스 풍으로 꾸며진 호텔 내부 광장 한가운데 석고상이 서 있다. 챙이 달린 멋진 모자, 중세 복장을 한 표정 없는 석고상들을 한참이나 쳐다보았다. 그러다가 하늘을 쳐다본다. 파란 하늘에 흰 구름이 둥실 떠있다. 새털구름 사이로 햇살이 번뜩이는지 구름 빛깔이 참 곱다. 벌써 어스름이 하늘을 덮었을 시간인데, 고개를 갸우뚱하며 시계를 보았다. 하늘은 빛을 붙잡고 움직이지 않는다. 멈춰있다. 가짜 하늘이다. 눈빛이 하늘의 구름을 쫓다가 돌리니 석고상들이 움직인다. 살아 있는 사람이다. 눈도 깜빡이지 않고 멈춰있던 석고 사람들의 시간이 움직인다. 아, 진짜 사람이다. 아니, 가짜 석고상이다.

호텔 1층에는 운하를 파서 곤돌라도 다닌다. 그럴 듯한 분위기가 물의 도시 베네치아를 연상시킨다. 나는 곤돌라에 앉아 가본 적도 없는 베네치아의 하늘을 올려다본다. 가짜 베네치아 여행을 하고 있는 셈이다. 하늘은 멈춘 시간을 안고 늘 푸른빛이다. 저 하늘의 끝은 도대체 어디인가. 나는 진짜와 가짜 사이에서 정신을 차릴 수가 없다. 진짜인가 싶으면 가짜이고 가짜인가 싶으면 진짜이다. 그래도 저물지 않는 하늘 아래서, 짧은 여행의 아쉬움 속을 그 가짜들로 황홀하게 채워 넣고 있었다.

셋

사랑한다는, 그의 말은 아이스크림처럼 차근거리면서도 달콤했다. 문득 그녀는 그 말을 삼키려다가 가짜 하늘을 떠올린다. 저 말은 진짜 마음을 담고 있는 건가? 짧은 순간 곁에 머물다가 조명이 꺼지면 사라지는 무대 위 연극대사에 불과한 것인가. 눈빛을 바라다본다. 찌푸림도 습기 찬 눈물도 흘리지 않는다. 팽팽하게 맑은 눈 속엔 가짜 구름이 그려져 있다. 순간의 현혹이다. 그녀는 고개를 저었다.

사람들은 진짜를 좋아한다. 그러나 가짜가 판치는 세상에 더러는 그 가짜에 알고도 속고 모르고도 속으면서 산다. 더구나 한 번 형태를 지니면 쉽게 변하지 않는 것도 있지만 마음이란 것은 수시로 형태를 바꾸니 한 순간의 마술이 아닌가도 싶다.

넷

우리는 가짜 같은 진짜, 진짜 같은 가짜가 판치는 세상에 산다. 가짜에 속은 걸 알면 펄펄 뛰고 분해하기도 하지만 짝퉁 가방을 들고 즐거워도 하고, TV드라마 가짜 이야기에 울고 웃는다. 한 수 더해 가발을 벗고 틀니를 빼고 인조 속눈썹을 떼고 거울을 바라다 본 이가 자신의 진짜 모습에 당황하며 놀라워하는 것이다. 그렇게 더러는 가짜가 주는 기쁨도 만만치 않은 거다.

그런데 나는 진짜인가? 가짜인가? 이제껏 세상을 진짜로 살아왔는지 가짜로 살아왔는지 영 모르겠다. 어느 순간은 진짜인 것 같은데 어느 순간은 가짜인 것도 같다. 내 마음을 솔직히 드러내지 못하고 싫어도 좋은 척, 좋아도 싫은 척 살았으니. 뿐인가 상대에 따라서 착한 척, 용감한 척하며 나를 위장하기도 했으니 가짜로 살아온 게 맞지 않나. 그렇게 나는 나 자신도 가늠하지 못하면서 진짜만을 원하며 살고 있다니….

수를 세다

어린 시절 살던 집은 일본식 목조 건물이었다. 아래층은 다다미를 뜯어내고 온돌을 놓고 장판을 깔았지만 이층은 그대로 다다미방이었다. 한쪽으로 벽장이 있었고 천장은 하얀 회칠을 한 사이사이로 나무 기둥이 보였다. 난 방에 누워서 잠이 들 때까지 매일 그 나무 기둥을 셌다. '하나, 둘….'

그리 많지 않은 숫자였지만 그 수를 다 세어보기 전에 잠이 들어버려서인지 몇 개인지는 기억하지 못한다. 단지 매일 그 모습이 그대로 있기를 바라는 마음으로 세어보곤 했다.

남향의 창으로 햇볕이 들어서면 창살의 격자무늬가 방바닥에 그려지는데, 그 그림자 무늬도 세곤 했다. 2층으로 올라가는 나무 계단의 수도, 난간의 수도 세어 보았다. 학교에서도 교문에서부터 현관까지 몇 걸음인가 세어보고 또 2층 교실을 올라갈 때도 내려올 때도 계단을 세면서 내려왔다. 그네를 타고도 '하나, 둘, 셋~' 하며 발짓과 바람의 동작을 세곤 했다. 저녁이면 공깃돌을 다 꺼내서 세고 다시 잘 집어넣고를 반복했다. 매일 세고도 몇 개인지 다 기억도 못하면서 그 시절을 보냈다. 개수를 확인하기 위함이 아닌 것 같다. 그저 수를 세고 있는 것이 좋았던 걸 아닐까. 하나가 아닌 여러 개가, 한 번이 아닌 여러 번이 좋았을 뿐이라는 생각이 든다.

나의 수 세어보기는 아마도 '몇 살?' 하며 어른들이 물었을 때 손가락을 펴 보이기 시작할 무렵인 듯싶다. 초등학교에 입학하면서부터는 하나에서부터 열을 세고 또 스물까지를 세고, 점점 그 수를 높여 가면서 센다는 게 스스로 무척 대견스러웠던 것 같다. 셀 수 있는 것들이 많은 세상이 신기하기도 했으리라.

고교 시절엔 매일 하교 길에 버스에서 내려 집까지 몇 걸음이나 되나 세어보며 오곤 했다. 물론 오는 중 잊어버리거나 해서 언제나 다음 날을 기약하곤 했지만, 다음 날도 또 그 동작을 계속했다. 그러던 어느 날도 걸음을 세면서 오는 중이었다. 우산도 없이 갑작스런 소나기를 만났다. 그래서 서둘러 달려오느라 세던 걸음 수를 잊어버렸다. 속상해 하면서 다음 날은 꼭 다시 세어보려고 했는데… 그 후 소나기처럼 갑작스레 찾아온 병으로 인해서 학교를 가지 못하게 되고 또 이사를 했으니 더 이상의 발걸음 세어보기는 아쉽게 끝나버렸다.

정월 대보름에는 야광 귀신이 신발을 집어간다고 감춰놓고 자곤 했단다. 그래서 촘촘한 체를 걸어놓는다고 한다. 귀신이 날이 밝을 때까지 체의 구멍을 세느라 정신이 없어서 신발을 훔쳐 가지 못한다고 한다. 야광 귀신은 왜 바보 같이 체의 구멍을 세느라 신발을 못 집어 갔을까? 난 또 왜 그 시절 습관처럼 나무 기둥의 수를, 창살 무늬를, 난간의 수를 세었는지 모르겠다. 내성적인 성격 탓에 혼자 있기를 좋아했던 나는, 그 순간 혼자라는 외로움을 이겨내기 위해 일종의 주문(呪文)처럼 숫자를 세었던 것은 아닐까? 혹 누군가가 내 인생길에 체를 걸어놓은 건 아닐까? 하는 생각도 해본다. 나도 그 대단치 않은 체 구멍 같은 세상사를 세느라고 내 시간의 신발을 챙기지 못했기 때문이다.

난 요즘 수를 세지 않는다. 내 소유의 적고 많음도 잘 헤아리지 못한다. 지갑 속에 있는 돈의 액수도 잘 모르고 내 책장에 몇 권의 책이 꽂혀 있는지도 모른다. 많아서가 아니라 세지를 않는다. 쓰다가 없으면 아, 다 썼구나 한다.

나의 수 세어보기는 이미 끝난 걸까? 날이 밝기 전에 성긴 체 구멍을 다 세고 내 몫의 신발을 신고 달려가는 중은 아닌가. 세상에는 수(數)로 헤아릴 수 없는 소중한 것들이 더 많다는 걸 알게 된 것은 아닐까. 이런 저런 생각을 하다가 무심코 뒤돌아본다. 이제껏 세지 않아 잊고 있던 내 발자국들이 여전히 나를 따라오고 있다. 내가 세지 않아도 내 주위에 모든 것들이 여전히 그 자리에 존재하고 있다. 결국 애를 쓰며 수를 세지 않아도 세상사 모든 것들은 내 몫만큼 나를 따르게 마련이라는 평범한 진리를 젊음을 훌쩍 넘긴 이제야 깨닫다니.

10초

언젠가, 횡단보도 위에서 춤과 흥겨운 음악이 어우러지는 이색 공연이 열렸다. 푸른 신호등이 켜져 있는 짧은 시간에 열리는 공연인데 시민 누구나 참여할 수 있다.

푸른 신호등이 켜지면 신나는 북소리와 함께 공연이 시작된다. 무대는 서울 시내의 한 횡단보도. 도심을 울리는 타악기 리듬에 맞춰 힘차게 뛰어나오는 무용수들. 길을 건너는 행인들 사이에서 비 보이들의 역동적인 댄스도 흥겨움을 더한다. 그리고 신호가 빨간불로 바뀌는 순간 공연은 멈춘다.

처음 보는 횡단보도 공연에 시민들은 발길을 멈추고 함께 춤을 추기도 했다. 푸른 신호등이 켜져 있는 짧은 시간 동안 열리는 이색 공연은 2시간 동안이나 이어졌다. 공연장을 벗어나 일상 속에서 펼쳐지는 커뮤니티 아트로 짧은 순간도 소중하게 쓸 수 있다는 메시지를 전한 것이다. 그리고 짧은 시간들의 이어짐을 통해 순간과 순간이 부딪히는 불꽃같은 떨림을 보여주었다. 몇 초와 몇 초를 이어 멋진 공연을 펼치는 저들을 보면서 나 또한 시간과 시간을 이어가는 마법을 배울 수 있었다.

무척 오래전처럼 느껴지는데, 사실은 그리 오래 되지도 않은 것 같다. 내가 시내버스를 타고 다닐 수 있었던 때가.

타려는 버스가 정류장에 도착하면 나는 있는 힘을 다해 10초도 안 걸려서 차에 오른다. 단말기에 카드를 대고 10초쯤 사방을 두리번거리다가 가능하면 출구 가까운 곳으로 자리를 잡는다. 그때 내 눈빛은 먹이를 쫓는 맹수와 같이 번뜩인다. 물론 여의치 못해서 서서 가거나 뒤쪽에 자리를 잡을 때도 있지만 출퇴근 시간이 아닌 한낮에는 어렵지 않게 원하는 자리에 앉을 수 있는 행운도 온다.

내리는 승객들은 단말기에 카드를 대고, 기계는 삑삑 소리를 내면서 요금과 환승 가능성을 확인해준다. 난 한 사람 한 사람 내리는 승객들의 소리 흔적을 들으며 나의 목적지를 가늠한다. 빨리 내리기 위해서 반쯤은 몸을 일으켜 세우기도 한다.

목적지 정류장에서 나도 앞선 승객들과 똑같이 카드의 음을 확인하면서 차에서 내려서 몇 초 안에 보도에 발을 딛는다. 이때도 행여 시간을 지체하여 내리지 못하는 불상사가 생길까 봐 날렵하지도 못한 몸을, 순간을 잡으려는 바람처럼 잽싸게 움직인다.

이제껏 버스의 도움으로 왔다면 지금부터는 나의 발걸음으로 원하는 목적지를 찾아가야 한다. 나는 다시 10초 안에 푸른 불이 켜진 횡단보도에, 흡사 전쟁터로 나선 말처럼 힘찬 발굽 소리를 내면서 진입한다. 다음 푸른 신호등을 기다릴 여유가 없어서 다시 몇 초라는 단위를 적용하는 것이다.

내게 주어진 하루라는 포개진 시간을 활짝 펼쳐놓지 못하고 초 단위로 나누어 살아가던 때의 모습은 괘종시계 속 뻐꾸기처럼 바쁘고 정확했다. 왜 그랬을까? 그 몇 초가 나를 일으켰고 그 몇 초가 나를 움직이게 했기 때문이다. 그때는 숨이 찼지만 넘어지지 않았다. 순간에 적응할 줄 알았고, 그 순간에서 벗어날 줄도 알았다. 그러나 몇 초 뒤에 이어지는 또 다른 시간의 여유로움을 알지는 못했던 것 같다.

요즘은 버스를 타지 않는다. 아니 타지 못한다. 10초 안에 버스를 탈 수도 없고 10초 안에 자리를 잡거나 내릴 수도 없기 때문이다. 그러나 내게 주어진 두루마리처럼 둘둘 말린 시간을 슬슬 풀어내면서 10초의 몇 배쯤 되는 선물을 받았다. 달려가지 않아도 내 몫의 시간은 늘 그 자리에서 날 기다려주는 이치도 깨달았고, 천천히 걸어가는 풍경은 내게 아름다운 감성을 일깨워 글을 쓸 수 있게 해주었다. 시간은 내게서 젊음과 함께 10초의 마력을 빼앗아 갔지만 시간을 늘려서 살아갈 수 있는 지혜를 주었다.

다시 올 초록불의 시간을 위해서 숨을 고른다. 순간은 멈춘 것이 아니라 잠시 쉴 줄도 안다는 걸. 그리고 나의 인생 공연은 내 몫의 시간만큼 다시 계속된다는 것도.

9월의 햇살

햇살이 거실 너머까지 기웃거린다. 아직 따갑다. 하지만 한 여름처럼 모든 걸 태워버릴 듯한 기세는 아니다. 나뭇가지 끝을 잡아당겨 하늘 가로 쑥쑥 크게 하려는 기세도 아니다. 그저 눈부시게 나뭇잎 끝자락에 앉아 수런거리고 있다. 그러나 햇살의 또 다른 음흉한 웃음이 다가선다. 뜨거운 지난여름을 견뎌낸, 피곤한 잎들의 속내로 슬금슬금 들어설 준비를 하는 중이다. 젊음의 기세가 등등했던 푸른 계절엔 어림없는 수작 아닌가.

햇살은 건들거리는 바람과 작당하여 나뭇잎의 물기를 거둘 태세다. 나뭇잎들은 물기를 내어주고 다른 빛으로 물들어 한 해를 마무리 하리라. 혹독한 겨울을 나기 위한 지혜이며 다음 해를 기약하는 약속이라고 스스로 위로하면서.

이맘때쯤이면 어머니는 붉은 고추며 가지, 호박을 썰어 뒤란에서 말리셨다. 물고추가 가득 담긴 자루를 힘겹게 끌고 나가시는 어머니의 하루하루는 햇볕 마중이었다. 고추는 하루만큼 또 하루만큼 점점 가벼워지느라 바쁘고, 어머니는 고추의 무게를 가늠하며 김장을 준비하느라 분주해 했다. 빨갛고 푸른 채소들은 가을볕에 바삭하게 잘 말랐다. 푸르렀던 계절을 기억 속에 재우고 다른 모습으로 변화시켜 또 다른 맛을 만들기 위해서다. 좀 더 오래 자신의 존재를 지키기 위한 방편이기도 하다.

가벼워진 오가리들을 채소가 귀한 겨울날을 위해 한지로 만든 봉투에 넣어 부엌 시렁에 매달아 두었다. 모양새가 쪼글쪼글 볼썽사납게 변해버렸지만 한겨울에 호박오가리를 넣고 된장찌개를 끓인다든가, 말린 가지를 물에 불려 나물을 해먹는 일은 또 다른 별미였다. 지난 시간들을 내어준, 가벼워진 야채들이 주는 귀한 선물이었다.

9월의 햇살 아래 서 본다. 견딜 수 있을 만큼의 따가움이다. 바람이 분다. 숨이 막힐 듯 열기를 가득 안은 바람이 아닌, 속이 텅 빈 듯 흔들거리는 바람의 어깨가 다가온다. 저 햇볕과 바람이 나뭇잎처럼, 어머니의 푸성귀처럼 나를 변화시킬 수 있을까. 내 안에서 버려지지 않으려고 발버둥치는 온갖 욕심이나 미움, 자만심, 이기심 등을 내려놓을 수 있을까. 그것들이 나를 지탱하는 삶의 물기라고 여기며 붙잡고 있는데…. 놓아야 할 때 놓을 줄도 알고 버려야 할 때 버릴 수도 있어야 다가올 계절을 맞이할 수 있으련만. 또 다른 맛으로 나를 변화시킬 수도 있을 텐데.

난 지금 '아직'이라는 저항으로 몸살을 앓는 중이다.

이移
장葬

간혹 길을 가다가 누가 "아버지!" 하고 부르는 소리를 들으면 아직도 눈시울이 뜨거워진다. '아버지'라고 불러본 지가 벌써 수십 년이나 지났는데도 그 이름만으로도 가슴이 먹먹해지기 때문이다. 그리고 어머니 세상 떠난 지도 근 20년이 지났다. 이 세상에서 아무런 조건 없이 무한의 사랑만을 주셨던 분들, 안 계시면 홀로 못 살아갈 것 같았는데 이렇게 살아가고 있으니 남겨진 이들은 어떻든 사는 모양이다.

두 분이 잠들어 있는 곳은 생전에 선호한 대로 양지바르고 전망이 좋은 곳이었으니 가파른 언덕인데다가 길도 험했다. 지금처럼 무릎이 아프기 전에는 힘들었지만 1년에 한두 번씩은 그 언덕을 올라 뵙고 왔다.

"막내딸 왔습니다."

절을 하고 나면 아버지, 어머니도 무척 반가워하시리라 여겨져 눈물을 쏟았다. 약한 딸을 두고 세상 떠나시기가 못내 애처로우셨을 텐데… 하며 유택(幽宅) 곁을 쉽게 떠나지 못하고 한참 동안 서성거렸다.

그러나 그곳에 갔다 온 지도 오래되었다. 지금의 건강상태로는 도저히 그 언덕을 오를 수가 없기 때문이다. 따스한 피 돌지 않는 빈 몸이 쉬고 있는 곳이지만 아직도 그분들이 그곳에 머물고 있으리라 생각했다. 왜 발길이 뜸한가? 왜 못 오는가? 궁금해 하면서 기다리고 계신다고 생각했다. 나뿐 아니라 외국에 거주하는 작은언니, 점점 연세가 많아지고 건강이 나빠지는 큰언니, 오빠들이나 조카들도 외국에 나가서 생활하고 있으니 그곳을 찾는 일이 쉽지 않았다. 그러니 가족들이 모이면 앞으로 유택을 보살피기가 어려울 텐데 하면서 걱정을 했다.

지난해는 윤달이 들었다. 윤달은 여분의 달, 또는 '하늘과 땅의 신이 사람들에 대한 감시를 쉬는 달'이라고 한다. 이때에는 불경스러운 행동도 신의 벌을 피할 수 있다고 하여 조상의 묘를 이장을 하거나 또는 집수리나 이사를 하거나, 연세 드신 분의 수의(壽衣)를 준비하는 풍습도 있다. 옛날부터 전해 오는 미신이지만 이왕이면 윤달을 택해서 보내드려야 하는 게 어떻겠냐는 의견이 조심스럽게 나왔다. 이런 저런 의견도 나왔지만 결국은 큰오빠께서 생전에 그 일을 하고 싶다고 하니 모두 고개를 끄떡이지 않을 수가 없었다.

그날은 하늘이 휘청 높았다. 그 유난히 높은 하늘 결에 가슴이 파랗게 저려들었다. 그동안 외진 산길 우묵한 흙벽 집 나란히 누워 바람소리, 물소리 들으시던 두 분을 긴 잠에서 깨웠다. 어머니를 칭칭 감고 있는 아까시 뿌리 그 너머로 망각으로 다가서는 푸른 인연들이 자욱했다. 굽은 어깨너머 하얀 아버지의 뼈마디가 우직우직 소리 내며 일어섰다. 색을 잃은 어머니의 희고 푸른 낯빛에 멀어진 햇살 기웃거리니 바스러지는 웃음이 눈부셨다. 허리를 곧게 세운 아버지는 여전히 식솔 거느린 가장, 기대선 어머니의 한쪽 어깨가 살가웠다. 손 내밀어 만질 수 없는 분들을 이끌어 모시고 간 곳. 자식의 손길이라고 거부하지도 못하고 따라나선 길엔 어느새 불길이 솟았다.

자식들의 눈물강으로도 다 끌 수 없는 불길이 산을 태우고 그리움을 태우고 한 줌 재로 남았다. 형태가 사라진 자리를 맴돌던 한줄기 바람꽃이 산산이 흩어졌다. 이 모든 일들이 이상하리만치 너무나 빨리 그리고 쉽게 진행되었다. 돌아보니 이제 땅 끝에 걸쳐졌던 그림자 하나도 남기지 않고 자유롭게 보내드렸으니, 나를 낳고 키워준 분들의 흔적이 영영 사라져 버린 것이다.

이 세상 어디에도 머물지 않은 아버지를 찾아본다. 불러도 대답 없는 어머니가 숨어버린 빈 하늘이 휘청인다. 그 순간 그 분들에게서 물려받아 내 몸속으로 흐르는 피와 살과 뼈도 산산이 분해되어 버리는 듯했다. 나는 하늘로 붕 떠서 날아갈 듯한 가벼움에 맥없이 주저앉아 하늘만 올려다보았다. 그러나 그땐 몰랐다. 가슴 속에 불룩하게 솟은 새 봉분 하나가 자리 잡음을…, 그분들을 내 가슴 속 깊숙한 곳으로 모셔왔음을.

어부바

선잠을 깼다. 꿈을 꾼 것도 같고 누군가가 나를 흔들어 깨운 것도 같다. 사방을 둘러보니 아무도 없다. 혼자라는 것을 깨닫는 순간, 기막힌 두려움과 외로움이 밀려온다. 가슴을 또닥또닥 두들기며 자장가로 꿈길의 동행자가 되어준 엄마는 어디로 간 것일까? 혼자 버려둔 엄마가 한없이 야속했다. 일단 기척을 내어 깨어난 사실을 전해야지 싶어 입을 삐쭉이며 울기 시작했다. 재워 놓고 부지런히 집안일 하는 엄마는 내 울음소리에 미처 젖은 손 닦을 새도 없이 달려온다.

"어구, 우리 아기 깼구나. 어부바 하자!" 하며 등을 돌려대면 난 언제 그랬던가 싶게 금세 울음을 뚝! 그친다.

따뜻한 등에 가슴을 포갠다. 엄마의 숨소리와 내 숨소리가 포개진다. 엄마의 등에 내 울음도 서러움도 두려움도 스며들어 녹아버린다. 조금 전의 불안은 간 곳이 없다.

보아줄 할머니도 안 계시고 혼잣손에 집안일 하는 엄마 등에서 어린 시절을 보냈다. 오죽하면 언니, 오빠들이 저애는 등 뒤에서 다 보고 있으니 반찬이며 집안일을 못하는 게 없겠다고 했을까. 걸음마를 하고 꽤 잘 걷게 된 후에도 얼마큼 걷다가는 꾀를 부리며 어부바 하겠다고 떼를 썼다. 4~5살이 되도록 장을 보러갈 때도 혹 교회를 갈 때나 나들이 길에도 엄마의 등에 곧잘 업혔다. 아니 엄마가 먼저 등을 돌려댔다. 먼 길 다리 아플까봐 애석해서이다. 엄마의 등은 어떤 위험 요소도 결코 넘볼 수 없는 넓고 안전한 공간이었다. 난 그 등에 업혀서 작은 눈으로 큰 세상을 둘러보았다.

엄마의 손을 잡고 초등학교 입학하던 날이다. 가슴에 손수건을 달았지만 난 다 자란 듯이 우쭐거렸다. 중학생, 고등학생으로 성장할수록 더 이상 엄마의 등에 업히지 않을 거라는 자신감으로 어른인 척했다. 그러나 난 다시 엄마의 등에 업혀야 했다.

엄마가 엄마보다 더 큰 막내딸을 업었다. 고교 시절 갑자기 전신이 마비되는 어려움이 닥쳤다. 단독주택에 살 때라 목욕탕이 없었다. 혈액순환이 잘 안되어 차가워진 몸에 더운 물 목욕이 좋다고 하니, 온몸 한부분도 움직일 수 없는 나를 업고 수시로 목욕탕을 다녔다. 힘에 부쳐 자꾸 흘러내리는 몸을 추켜세우는 얼굴엔 땀이 흘렀다. 어디 땀뿐인가. 기막힌 눈물도 흘렀을 테니…. 차에서 내려 좁은 언덕길을 몇 번이나 쉬었다 오르면서도, "엄마, 힘들지?" 미안해하는 내게 자꾸 괜찮다고 하셨다. 엄마의 등에 움직여지지 않는 몸을 기댔다. 몸서리쳐지는 아픔이 스며들어 몸도 마음도 작고 초라해진 내겐 더 이상 갈 곳이 없는 지경에 만난 여전히 넓고 든든한 곳이었다.

엄마는 나를 아기 때처럼 누여놓고 머리를 감기고 움직일 수 없는 팔 다리를 닦아주고 나서는 "날아갈 것 같지?" 하며 가쁜 숨을 가라앉혔다. 그리고 다시 나를 업으셨다. 엄마는 눈물범벅이 된 얼굴을 땀이라고 둘러댔다. 나도 눈물이 났다. 내가 울면 엄마가 아플까봐 엄마 등에 얼굴을 묻고 숨죽이며 울었다. 엄마와 내 눈물이 시간을 타고 흘러내렸다. 그 시간이 나를 다시 일으켜 세워줬다. 난 엄마의 등을 떠나 홀로 세상 속으로 걸어갔다. 그리고 엄마의 등을 잊고 살았다.

든든하게 버텨주던 시간들이 조금씩 무너져 내렸다. 엄마의 뒷모습이 오래된 가구처럼 휘청거렸다. 등을 밀어달라는 엄마의 부탁에 따라들어 간 목욕탕에서 눈길을 돌리며 눈시울을 훔쳐야 했다. 세상에 오직 한 곳, 내가 기댈 수 있었던 편안하고 따뜻했던, 넓고 든든했던 엄마의 등은 오래된 골목처럼 좁고 낡아 있었다. 몸을 비집고도 지나칠 수 없을 만큼 커버린 내 그림자만 흔들거렸다. 그 등에 업혔던 어린 나는 어디로 갔지? 움직일 수 없었던 나의 시간들은 어느 곳에 멈춰 있는지? 앙상한 등허리 구석구석 때를 밀어내면서 애써 찾아내려 했다.

그러고 나서 얼마 후, 엄마는 아침이 와도 눈을 뜨지 않으셨다. 어쩔 수 없이 구급차 기사의 등에 업혀서 집을 떠나셨다. 거부할 수 없는 운명이 낯선 이의 등에 깊이 새겨졌다. 그리고 다시 돌아오지 않았다. 영원히 엄마 등에 업힐 수 없는 나만 남았다.

'한 번이라도 숨소리를 포개고 피의 온기를 나누고 온몸을 내게 기댈 수 있게 엄마에게 내 등을 내어 드린 적이 있나?' 혼잣말만 빈 공간을 울렸다.

"어부바 하자!" 다정한 음성이 귓가에서 떠나지 못하고 맴돌았다.

견우화

친구에게 나팔꽃 씨를 얻어왔다. 전에 살던 집 창가를 타고 오르며 매일 아침 꽃 피우던 것을 기억하면서 아무런 준비 없이 받아온 것이다. 도대체 넓지 않은 베란다, 어디에 심고 어디로 넝쿨을 올릴 것인지 대책을 세우지도 못하고 말이다. 그저 오랜만에 보는 씨앗이 반가웠기에, 봄뜰에 씨앗을 뿌렸던 옛 기억을 불러와 보고 싶었던 거다. 서둘러 빈 화분을 찾아내어 흙을 담아 자리를 마련하고 씨앗 몇 개를 심고 나니 왠지 큰 꽃밭을 가진 것처럼 뿌듯해졌다.

그리고 꽤 시간이 지나간 것 같다. 아무리 들여다보아도 새싹이 돋아날 기미가 보이지 않는다. 오죽하면 언니가 "씨앗을 너무 깊이 심었나 보다." 하고 타박을 했겠는가. 나중에 알고 보니 씨앗을 물에 불려서 심으면 싹이 빨리 난다고 한다. 그러나 나는 뭐든지 빨리빨리보다는 천천히를 즐기는 편이 아닌가. 좀 늦으면 어떠리, 기다려 보기로 했다.

매일 들여다보고 또 실망하고 돌아서기를 거듭하다가 거의 포기 상태에 이르렀을 때다. 우아! 드디어 흙이 봉긋하게 솟구치는 것을 보았다. 아니, 흙을 움직이게 하는 작은 힘을 보았다. 씨앗은 온 힘을 다해 흙을 뚫고 그 사이로 떡잎을 이고 세상과의 눈부신 첫 만남을 가졌다. 그 만남을 지켜보는 것만으로도 내 가슴은 설렜다. 이내 구부러진 허리를 들고 떡잎을 활짝 펴니 새 생명의 탄생이 신비롭기만 하였다. 그날부터 매일 아침 그 작은 움직임을 들여다보는 것으로 하루를 시작했다.

나팔꽃은 끝이 벌어진 나발을 닮아서 나팔꽃이라고 했다는데, 견우화라는 이름으로도 불린다. 견우는 소를 견인해 끌어당긴다는 뜻의 목동을 가리키는 말이고 칠월칠석날을 상징하는 하늘의 별인 견우의 이름이기도 하다. 혹은 나팔꽃 넝쿨이 그렇게 끈 같아서 말한 것인지 혹은 이를 꼬아 실제 소고삐끈을 삼은 데서 유래하는 것인지는 잘 모르겠다. 씨앗을 견우자(牽牛子)라고 부르게 된 배경에도 이런저런 이야기가 전해 내려온다. 옛날 한 농부가 여러 가지 병에 약효가 좋다고 하여 집에 기르던 소를 끌고 가서 나팔꽃 씨와 바꾸어 왔다고 해서 견우자라고 불렀다고도 한다.

나팔꽃은 아침 일찍 피었다가 잎을 오므려버리므로 새벽이나 이른 아침이 아니면 꽃의 자태를 볼 수 없다. 그래서 아침의 영광(Morning Glory)이라고 한다. 꽃말도 기쁜 소식이니, 어쨌든 나팔꽃 하나 심어놓고 소고삐 끈도 떠올리고 기쁜 소식도 기대해 보면서 그 자람을 지켜보기로 했다.

햇빛도 바람도 아쉬운 베란다 안에서도 나팔꽃은 쑥쑥 자랐다. 떡잎이 나오고 잎들이 다투어 나와 자라더니 마침내 넝쿨이 사방으로 손을 뻗어 허공을 흔들기 시작했다. 급한 대로 옷걸이 철사를 펴서 꽂아주니 기다렸다는 듯이 감아 올라간다. 본능 아닌가. 큰 나무는 작은 나무를 거느리고 넝쿨 식물의 버팀목이 되어주기도 하니 큰 자의 너그러움이다. 스스로 설 수 없는 넝쿨 식물은 보이고 느껴지는 든든한 대상을 향해 몸을 감아올리고 의탁하니 그도 삶의 지혜다.

줄기마다 화사하게 피어나는 나팔꽃을 꿈꿔보다가, 갑자기 내 온몸에 푸른 넝쿨손이 돋는 걸 지켜본다. 그 나약한 줄기들은 소를 끌 수 있을 만큼의 강인한 힘으로 삶이란 버팀목을 휘감으려 애쓴다. 글을 쓰고 그림을 그리는 것도 내 넝쿨손이 잡은 한 가닥 버팀목이었으리라. 그러니 때가 되면 하루의 시작을 알리는 나팔꽃처럼 꽃을 피우리라 기대해 본다. 겨우 하루 피는 습성 때문에 덧없다고 하겠지만 씨앗을 심어준 이에 대한 약속이며 살피고 보살펴 주신 이에 대한 감사이고 보답이다. 살아남기 위한 최선의 몸짓이기도 하다.

나의 작은 정원에 나팔꽃이 자라는 것처럼 지금 내 안에도 나팔꽃이 자라고 있다.

그대를 훔치다

얼마 전이다. 디지털 기기가 현대인의 많은 것을 바꾸어버린 시대에 정착하지 못하는 한 남자를 만났다. 그 남자는 상상 속에서나 새로운 도전을 해보고 또 어디론가 떠나가 보기도 하는 '월터의 상상은 현실이 된다'라는 영화의 주인공이다. 영화는 신선한 착상으로 상상과 현실을 오가거나 특별한 여행지를 찾는 등, 오락물로서도 충실하지만 눈과 귀를 통해 지난 세월과 나의 현재를 되돌아보게도 했다.

월터 미티(벤 스틸러)는 16년차 직장인이다. '라이프지' 마지막 호 출간을 앞두고 그동안 함께 작업해온 전설의 사진작가 숀 오코넬(숀 펜)은 필름 롤의 25번째 사진을 표지사진으로 지목한다. 그러나 25번째 사진은 없다. 고작 2주일 남은 인쇄 날짜, 사진을 찾기 위해 세계 각지로 여행하는 탐험가 숀을 찾아다닌다. 그렇게 하여 이제껏 낯선 곳 한 번 가본 적 없고 특별히 해본 일도 없고 용기도 없는 소심한 남자 월터는 상상이 아닌 실제로 그린란드로, 아이슬란드로, 아프가니스탄으로 난생처음 모험을 떠난다.

영화를 보면서 월터의 여행도 흥미로웠지만 가장 인상에 남는 장면은 방랑자 사진작가 숀 펜이 풍기는 압도적인 포스와 유행과 세월의 흐름에 초탈한 수도승 같은 숭고함이다. 그는 사진을 찍기 위해 바람처럼 험한 곳이든지 먼 곳이든지 가리지 않고 찾아 나선다.

그의 사진은 그저 대상을 담는 것이 아니다. 먼저 자신이 대상 속에 들어가 하나 되는 과정을 거쳐 새롭게 탄생시킨다. 아니, 먼저 대상을 자신 안에 품는지도 모른다. 그는 아프카니스탄 산악지대에서 망원카메라를 설치하고 산짐승처럼 오랜 시간 숨죽이고 엎드려 유령표범을 기다렸다. 하지만 표범이 나타난 순간엔 짜릿한 흥분도 잠시, 바라만 보다가 그대로 보낸다.

어느 시인은 사진을 찍는다는 건 대상을 잘라오는 것이며 훔쳐오는 행위라고 했다. 심지어 횡포라고까지 했다. 중세 사진이 처음 등장했을 때 사진을 찍는다는 건 영혼을 빼앗기는 행위라고 두려워하기도 했다. 그러나 피카소는 훌륭한 예술가는 모방하고 위대한 예술가는 훔친다고 했다. 그럼 사진을 찍는 행위는 위대한 예술행위라는 가정(假定)이 설립되는 것이 아닌가.

숀의 표범 사진 찍기를 포기한 행동은 시인처럼 사진을 찍는 순간 자연 상태의 대상물은 지워지고 사진 속 대상만 남아있기 때문이라는 생각에서인가? 실제를 능가하지 못하는 사진을 포기한 것은 아닐까? 야생의 표범을 카메라 렌즈 안에 가두고 싶지 않았는지? 생생한 자연 속의 움직이는 대상으로만 기억하고 싶었는지도… 수없는 물음표를 붙여본다. 인화지 한 장에 담기에는 표범의 움직임과 포효가 너무 크지 않았나 싶다. 어쩌면 표범의 신령스러운 모습에 압도되어 버렸는지도 모른다는, 내 나름의 답을 골라본다. 그러나 알 수는 없다. 순간 숀의 판단을 지배한 건 바로 그 자신이니까.

시간 따라 꽃도 시들고 사람도 사라지는데, 사진작가 숀이나 시인이 사진 속에 순간을 영원히 남겨두고 싶은 일에 왜 그렇게 어려운 의미를 부여하는지 이해하기 힘이 든다. 하지만 나는 숀이 표범을 찍지 않고 보내는 의미심장한 행동에 고개를 끄떡였다.

그러나 나의 꿈은, 현실을 뛰어넘는 상상으로 어느 순간을 내 안에 가두어 두고 싶다. '영원히'라는 끝나지 않는 시간을 부여하면서 사랑이라는 이름도 잡아두고도 싶다.

"찰칵!"

그대를 향해 내 마음 사진기 셔터를 누른다. 내 안에 갇힌 순간 정말 그대의 실체는 사라지는 건가. 내 안에 영원히 존재할 수 있기는 한 건가?

시간의 보너스

이제껏 직장을 가진 적이 없으니 월급을 타 본 적이 없습니다. 더구나 곁에 돈 벌어다주는 사람도 없으니 월급봉투나 추석, 설 명절 또는 성탄 보너스 구경도 한 적이 없습니다. 그래서 친구가 보너스를 많이 탔다고 자랑할 때, 어떤 기분일까? 궁금했지요.

일단 기름기 없는 프라이팬에서 구워지던 생선처럼 바싹거리는 일상에, 넉넉한 기름이 흘러드는 것처럼 여유로워지겠지요. 평소에 꿈꾸던 여행이나, 필요한 물건도 구입할 수 있는 기회도 만들어봅니다. 얼마 동안 주머니 속에 뿌듯한 행복을 빳빳한 지폐처럼 세고 있을 겁니다.

지난 주 수요일입니다. 친구를 만났습니다. 소위 번개팅이라는 즉석모임입니다. 주춤거릴 시간도 없이 번개처럼 달려 나갔습니다. 얼마나 마음이 급했으면 종각역에 엘리베이터가 고장 나서 노란 줄을 쳐 놓았는데, 층계를 표시하는 불이 깜빡거리기에 그냥 올라탔습니다. 움직이더군요. '아 다 고쳐진 거구나.' 나름 안도의 숨을 내쉬었습니다. 그런데 지하 1층에 도착했는데 아무리 기다려도 문이 열리지 않습니다. 결국 고객센터에 전화를 해서 도움을 요청했습니다. 직원에게 고장 난 엘리베이터는 왜 탔느냐고 야단을 맞았습니다. 번개처럼 달려가야 하는 내 사정을 그들이 알 리가 없겠지요.

다시 종로3가까지 갔다 되돌아오는 방법으로 위기를 극복했지만 이미 시간이 꽤 오래 지체되었습니다. 그래도 기다려준 친구와 저녁을 먹고 차를 마시고 이야기를 나누었습니다. 그리고 느지막한 시간 헤어졌습니다. 메마른 일상에 촉촉한 물기가 스며드는 듯한 저녁입니다. 여기까지는 기본급 시간의 보너스를 받은 기분입니다.

집으로 돌아오는 길입니다. 전철을 타고 충무로역에서 환승하기 위하여 리프트를 탔는데, 올라가는 중 딱 중간쯤에서 내려오는 에스컬레이터에서 나를 알아보는 이가 있었습니다.

"아!"

"어!"

오랜만에 보는 친구였습니다. 친구는 올라가서 기다리고

있으라고 했습니다. 우리는 가던 길을 멈추고 전철역로비에서 뜻밖에 만남의 시간을 가졌습니다. 사실, 친구가 너무 반가움을 표현해서 주위 사람들의 시선을 좀 받았습니다. 젊지도 않은 남자와 여자가 저렇게 극적인 표현을 해도 되나 싶어서이지요.

시간이 시간과 만나는 것이 쉬운 듯하지만 결코 쉬운 일이 아닙니다. 간발의 차이로 어긋나기도 하고 그래서 놓쳐버리기도 합니다. 그래서 "이건 우연히 아니야. 운명이야." 친구는 거듭 감탄했고 그냥 헤어질 수 없다고 하여 역사 밖으로 함께 나왔습니다. 우리는 커피숍 문이 닫힐 때까지 서로의 근황을 묻기도 했고 지난 시간들을 들추어내기도 했습니다.

그는 뜻밖의 만남을 만들어준 3월 15일을 영원히 기억하라고 하며, 내가 탄 전동차 창 밖에서 손을 흔들었습니다. 나도 떠나면서 손을 흔들었습니다. 차장 밖으로 친구가 멀어집니다. 그러나 허공에서 함께했던 시간이 반짝거리면서 내 기억의 호주머니 속으로 들어섰습니다. 아, 날선 새 지폐처럼 신선하게 만져집니다. 더블 보너스를 받은 기분입니다.

보너스는 본래 할증임금제(割增賃金制)에 있어서 일정한 생산액 이상의 능률을 올린 자에게 지급되는 임금 부분이라고 합니다. 현재로서는 생활비 가운데 차지하는 위치, 임금노동자의 의식 등 여러 면에서 이미 임금의 일부분으로 정착되었다고 할 수 있지요.

늘 바쁘게 삽니다. 해야 할 일들이 쌓여서 가슴이 답답하기도 합니다. 더러는 감당하기 어려운 일들을 하느라 어깨 통증을 일상의 옷처럼 입고 삽니다. 지난여름에는 시낭송대회며 행사를 준비하느라 체중이 많이 줄기도 했지요. 그럴 때 정말 푹 쉬고 싶었습니다. 그저 좋은 친구들을 만나서 뜻 없는 이야기를 나누는 그런 편안한 시간을 갖고 싶었습니다. 번개팅도, 그보다 더 특별한 운명적 만남 또한 내 단조로운 삶을 여유롭게 만들어준 보너스입니다. 살다보면 그렇게 풍족함 보너스를 받는 운 좋은 날도 있습니다.

이 흥건한 감정의 여유로움으로 뭘 해볼까요. 또 다른 여행을 꿈꿔보거나 늘 인색했던 나에게 노란 수선화 꽃분을 선물해주면 어떨까요. 특별한 만남이라는 별난 기억을 손끝으로 세어보면서 석 달 열흘 정도 부자인 듯이 뻐겨보렵니다.

난 가끔 시간의 보너스를 듬뿍 받고 행복해지는 꿈을 꿉니다. 봄으로 들어서는 오늘 밤처럼요.

집

오래전에 자동차 면허를 따기 위해 국립재활원에 한 달간 입소를 한 적이 있었다. 집을 떠나 그곳에 머물면서 운전 교육을 받았는데, 주중에는 교육을 받고 주말이면 집으로 돌아올 수 있었다. 난 그때 집으로 돌아갈 토요일만을 기다렸다.

짐을 챙겨서 돌아올 때다. 저만치 우리 집이 보일쯤엔 매번 가슴이 설렜다. 아무도 기다려 주지 않고, 값나가는 금은보화를 숨겨놓은 것도 아닌데 마음의 발걸음이 바빠졌다. 그러나 그곳엔 친구로부터 생일 선물로 받은 빨간 사기 주전자, 작은 냄비, 머그 잔 몇 개 등 손때 묻은 살림살이와 눈에 익은 가구, 베란다에 많지 않은 화분들이 나를 기다리고 있었다.

집으로 들어서면 거실엔 창을 넘어 들어선 햇살이 먼저 자리 잡고 있다가 반색을 하면서 일제히 우! 소리치는 듯했다. 가구며 화분들도 반가운 눈빛을 보냈고, 일주인 동안 자유를 누렸던 먼지들도 몸을 들썩이며 알은 척을 했다. 그들은 단출한 집 한쪽을 차지하고 있는 나의 소유였고 내가 돌보아야 할 대상이었고 나와 함께 살아가는 가족이었다.

오늘 외출 후 집으로 돌아오는 전동차 안에서 노숙자 둘을 만났다. 한 이는 일반 좌석 세 개를 몽땅 차지하고 웅크리고 누워 있다. 또 한 이는 경로석 자리 두 개를 차지하고 앉아 졸고 있다. 그 곁에 따라 누운 짐 속에 구겨 쑤셔 넣은 허름한 일상이 삐죽삐죽 고개를 내밀고, 세탁하지 못한 시간들이 퀴퀴한 소리로 여전히 시간의 태엽을 돌리고 있다.

따스하게 머물 곳을 지니지 못한 이들의 무분별한 욕심 탓에 그 앞에 선 승객들의 눈빛이 편안하지 못했다. 눈길이 가는 것조차 불결한 듯이 외면하거나 낯을 찡그리고 있었다. 그러나 아무도 그들에게 일어나라고 하지도 못했다. 편안한 잠자리를 지닌 이들의 넓은 아량이었을까? 아니면 막힐 것도 가릴 것도 없는 이들의 반사적인 행동이 두려워서일지도 모른다.

경로석에 노숙자는 추위와 적막을 견디느라 낮술을 먹었는지 혹은 추위에 얼어서인지 얼굴이 벌겋게 상기된 채 눈을 게슴츠레 뜨고 나와 일행이신 A선생님께 이런 저런 실없는 말을 던졌다. 그리고 별 대답이 없어서인지 멀쑥한 표정을 짓다가 얼마 후에 주섬주섬 짐을 챙기고 몸을 일으켰다.

"난 서울역에서 내릴 겁니다. 여기 앉으세요."

목적지가 있는 건 아니니까, 더 가도 상관은 없단다. 그런데 A선생님을 올려다보면서, 연세가 많으신 분이 서 계시니까 일어나는 거란다. 길게 누운 시간의 그림자가 전철 밖으로 그를 따라 몸을 옮긴다.

언제나 여행을 떠날 때면 목적지에 대한 기대로 가슴이 설렌다. 그러나 하루하루 일정을 마치고 돌아갈 즈음이 되면 집에 대한 그리움으로 마음이 조급해진다. 여행이란 그렇게 돌아갈 곳이 있기에 해볼 만한 것이라고 했다. 낯선 곳에서 건너다보이는 익숙한 곳이 있기에 여행자들은 지나치는 풍광을 즐길 수 있는 거라고 한다. 그러나 좀 전에 서울역에서 내린 이는 다시 다른 전철로 갈아타고 내리고를 반복하면서 차가운 하루를 여행하고 있으리라. 목적지도 돌아갈 곳도 없는, 언제나 익숙하지만 또 낯선 도시 속으로 발걸음을 옮긴다. 갈 곳이 없다는 건 오늘의 휴식도 내일로 향할 희망도 없는 것과 같지 않나. 발자국이 남지 않는 여행처럼 허망할 뿐이다. 초라한 뒷모습으로 내 시야에서 사라진 노숙자를 보면서, 그에게도 언젠가는 꼭 돌아가야 할 목적지, 꿈의 집이 있었으면 좋겠다고 생각했다.

전철에서 내리니 싸늘한 바람이 휘청거린다. 서둘러 집을 향해 걸음을 옮긴다. 현관문을 여니 하루 종일 데워진 따스한 공기들이 한꺼번에 쏟아져 나와 감싸 안듯이 반긴다. 집은 단순한 공간이 아니다. 그렇게 낯익은 것들이 나를 기다리는 곳이다. 무거운 하루를 내려놓고 외출옷을 벗는 것처럼, 매여 있는 일상으로부터 자유로워지는, 그리고 가벼워지는 곳이다.

'나의 집이란 장소가 아니라 사람들이다.' 소설가 로이스 맥마스터 부욜의 말이 있지만, 나에게 집이란 장소가 아니라 마음이다. 그리고 또 하나의 나이기도 하다.

길에는 바람이 있다

소금에도 향기가 있다

올봄, 2박 3일의 충청도 여행은 특별한 곳을 찾아 떠난 것이 아니다. 그저 일상에서 잠시 일탈이라는 가벼움을 걸치고 바람 스치듯이 시간을 지나쳐가리라 마음먹었다. 그러다가 가끔 어느 곳에 멈춰 가둬두었던 숨 한 번 깊게 내쉬면 되지 않을까하는 생각을 했다.

키 작은 사과나무가 하얀 꽃을 터트리는 예산 사과밭을 지나가고, 연한 초록 숲내음이 자욱한 서산 부석사에서 조롱박으로 차디찬 샘물을 떠 마셨다. 한동안 그 선뜻함을 안고 마음을 다스리다가 초파일을 앞두고 붉고 푸른 등이 꽃처럼 달린 소나무 향에 잠시 취해도 보았다. 그러다가 허름한 음식점에서 뒤늦은 점심으로 허기를 달랬다.

세월호 참사로 인해 한적하기만한 태안군 안면도 꽃박람회장도 그저 지나치고, 그 탓에 손님이 없다고 울상인 참외 장사 트럭에서 참외를 한 뭉텅이 샀다. 그 다음으로 다가선 곳이 서산 염전이다. 사각의 공간에 바다를 가두고 뜨거운 햇살과 바람으로 하얗게 소금 꽃을 피우는 풍경이 눈앞에 시원스럽게 펼쳐진다.

자글자글 타들어가는 세월 이고 염부가 대파(소금물을 미는 고무래)질을 하며 바삭하게 익어가는 소금을 긁어 담고 있다. 난 먼발치서 그 모습을 신기하게 보다가 왠지 울컥 눈물이 났다. 고달픈 염부의 어깨에 걸쳐진 뙤약볕이 아버지의 등 굽은 어깨에 멘 힘겨운 한 세상 같아서일까. 숨 가쁘게 달려온 생을 마감하고 한 줌 하얀 뼛가루로 남은 아버지에게서 나던 소금 닮은 향기가 불현듯 그리워서인가.

난 아버지를 떠올리며 염부의 하루를 짚어보았다. 염부는 물이 들어오는 때를 맞추느라 이른 새벽, 짙은 어둠 속에서도 물을 잡으러 바다로 나간다. 저수지에 바닷물을 저장하고 결정판에 받아 물을 졸이기 위해서다. 소금 채렴장(결정지)은 보통 소금배미 3번째까지가 고무장판을 깔아 현대화를 이루고 있다.

염부는 저수지에 가두었던 바닷물을 염전 위로 끌어와 태양에 말린다. 염부에게 바다는 그저 바다가 아니다. 바닷물도 그저 바닷물이 아닌 것이다. 졸여 먹는 물, 소금을 만들어 주는 씨앗이다. 조금 더 짜진 소금물을 무릎 높이의 낮은 슬레이트 지붕의 해주(함수조)에 보관했다가 다시 염전으로 꺼내 말리기를 수차례 반복한다. 그렇게 20여 일 쯤이 지나면 마지막 고무장판이 깔린 채렴장에는 태양이 졸이고, 바람이 물기 거두고, 달빛에 기대 익힌 하얀 소금 꽃이 흐드러지게 피어난다. 염부의 눈이 시리다. 내뱉은 깊은 숨이 짭조름하다. 그러나 소금을 모으고 외발수레에 실어 저장고로 옮기기 위해 다시 발걸음이 분주해진다.

소금은 간수가 빠지고 숙성이 되어야 제대로 맛이 난다. 쌓아놓고 간수가 빠지기를 기다리는 소금창고에서는 격정의 시간을 견딘 소금들의 사연이 수런수런 들려온다. 넓은 바다에서의 자유를 잃고 갇힌 순간은 세상이 끝났다고 생각했단다. 따갑게 내려앉은 태양의 열기에 가슴이 탁탁 막히고 타들어가도 바다를 버릴 수 없다고 끝까지 웅크려 잡고 있었다고 했다. 그러나 바람이 휘익 스치고 대파질에 몸을 맡기기를 수차례 거듭하다보니, 바다가 멀어지면서 새롭게 변화되는 자신의 모습이 신기하기만 했다. 맛과 효능으로 세상에서 귀하디 귀한 존재가 되었다고 버석버석 몸을 부딪치면서 눈물 반, 웃음 반이다. 염부는 매번 듣는 소금의 사연이지만 또 매번 귀를 귀 기울여 주고 고개를 끄떡여준다. 눈처럼 쌓인 소금 산이 힘겹게 키운 자식 마냥 대견해서 보고 또 본다. 고된 시간이 물거품처럼 잦아들면서 뿌듯한 수확의 기쁨이 산처럼 커진다.

염부의 하루는 별을 보고 나섰다 별을 보고 젖은 발로 대문을 넘으면 끝난다. 소금을 걷으면 이내 덧물을 받아 저수지를 채워야 하는 내일을 계획하면서 오늘은 짧게라도 단잠을 청해 볼 수 있겠다고 중얼거린다.

오랜 시간 도를 닦은 신선의 모습이 저럴까. 흡사 바다의 뼈마디가 산산조각으로 부서진 듯한 소금밭에서는 달기도 하고 시기도 하고 쓰고 짜기도 한 소금 향기가 난다. 그건 힘든 과정을 견딘 결과만이 가질 수 있는 오묘한 향기다. 버릴수록 깊어지는 맛의 진리다.

아버지가 사랑과 고난의 땀으로 키우며, 세상에서 꼭 필요한 존재가 되기를 원하셨던 나에게서도 바라던 대로 소금 닮은 향기가 날까? 바다가 바다를 버리고 태양과 바람에게 온전히 몸을 맡겨야 사각의 결정체로 변화한다. 그러나 나는 나를 온전히 버리지 못했다. 세상사 미련과 욕심으로 움켜쥐고 어려운 시간은 피해가려고만 했으니 어림없는 일 아닌가. 뿐인가 급한 성격에 당장의 성과만을 바라고 달려왔으니 제대로 맛이 들었을 리도 없다.

바다가 멀어진다. 소금밭도 멀어진다. 내 기억 속의 소금밭을 일구던 아버지도 멀어져간다. 그런데 짠 소금의 향기를 너무 많이 들이켰는가? 갈증이 인다. 우리를 태운 차는 그 갈증을 안고 다음 목적지를 향해 달렸다.

우리들의 점심

오천항에서
오천 원으로
손바닥만 한 붕어 다섯 마리를 샀다
뜨거운 피 뚝뚝 흘리는 붕어를 토막 내고
드라큘라 이빨로 여덟 명이 나눠 먹었다
우리는 붕어가 너무 비싸다고 툴툴거렸다
붕어가 턱없이 작아서
허기진 배를 채울 수 없다고 불평했다
맛이 없다고 구시렁거렸다
토막 난 붕어는 아프다고도 못했다
서럽다고 울지도 못했다
붕어빵 장수는 미안한 기색이 없는데
붕어는 몸을 움츠렸다

흰옷 입은 분이 다가섰다
그분은 영혼의 떡 두 개를 우리에게 건넸다
이곳 모래사장에서 참수당한 순교자
저기 갈매못 성지로 가는 길이라고 했다.

- 졸시 -

대천으로의 가을 여행 중이다. 우린 마지막 날 하루의 행선지를 정하지 않았다. 언제 떠날지도, 어디로 갈지도 또 언제 돌아올 것도 예측 못하는 것이 진정한 여행이라고 하지 않는가. 주변 지리에 밝은 운전자의 선택에 길을 맡기고 그저 창밖 풍경만 감상하며 달리기로 했다.

보령시에서 북서쪽으로 가다 보니 바다가 어깨를 나란히 하고 따라온다. 여름이 떠난 한적한 바다를 거느리고 얼마큼 달렸다. 잠시 멈춘 차에서 내린 일행들은 물이 나간 빈 개펄을 건너 학성리 밤섬이라는 작은 섬까지 갔다 왔지만 다리가 아픈 나와 이선생님은 그대로 차에 있었다.

바닷가 마을은 쓸쓸했다. 한때의 영광을 뒤로한 빈 의자들이 짭짜름한 먼지를 뒤집어쓰고 햇살 아래 졸고 있다. 시장기가 슬슬 밀려들어와서 사방을 두리번거려도 들어갈 만한 음식점을 찾지 못했다. 몇 군데 간판을 발견하고 가보았지만 가게는 문이 굳게 닫혀 있다. 가만가만 빈속으로 발을 디밀었던 시장기가 성큼 들어서 자리를 넓힌 탓인가, 일행은 모두 점심을 빨리 먹었으면 좋겠다고 했다. 운전자는 작정한 목적지가 있는지 계속 달리기만 했다.

인적이 드문 농촌 마을을 지나쳤다. 잎을 떨어뜨린 감나무에 빨갛게 익은 열매만 빈 집을 지키고 있다. 바람이 대문을 흔들어도 대꾸하는 이도 없다. 빠른 걸음으로 달린 차가 들어선 곳은 보령시 오천항이다. 저만치 바다가 보이는 골목길로 접어들었다. 아, 그곳 길가엔 뜻밖에 붕어빵 장수가 있지 않나. 일행은 반가워했고 이내 한 분이 뛰어내려 따끈한 붕어빵 한 봉지를 사가지고 왔다. 그러나 그 맛은 허기진 속에도 별로였다. 이전에 먹던 맛을 기대했던 우리들은 불평했다. 크기도 시장기를 채우기에 턱없이 부족하다고 툴툴거렸다.

허기와 불만을 안고 차는 다시 달렸다. 사방을 둘러보아도 마땅한 음식점이 눈에 띄지 않았다. 얼마큼 달리다 보니 저만치 갈매못 성지로 들어서는 길이라는 표지판이 나왔다. 그저 달리다 들어선 곳인지는 모르겠지만, 우리는 "아, 여기가 목적지구나." 하면서 고개를 끄덕였다. 이곳 성지는 우리나라의 마지막 박해인 병인박해 때 신앙선조들이 목숨을 내던진 곳이라고 했다.

예로부터 성지가 속해 있는 영보리 마을 뒷산의 산세가 '목마른 말이 물을 먹는 모습' 과도 같은 '갈마음수형'의 명당이라 하여 '갈마무시', '갈마연', '갈마연동'이라 불렸던 곳이다. 그러므로 갈매못은 갈마연에서 온 이름이다. 이름만으로도 영적인 곳이라고 했다. 이곳은 전국에서 유일한 바닷가 성지다. 형장으로 택한 곳은 바닷가 모래사장이다. 순교자들이 효수(梟首)당해 묻혔던 곳이다. 시간의 파도가 수없이 넘나들며 그

날을 흔적을 지웠으련만 지금도 모래를 파면 간혹 사람의 뼈가 나온다니 그 당시의 참상이 얼마나 잔혹했을까 싶다. 그렇게 역사는 지우려 해도 결코 지울 수 없는 것을 안고 어제를 돌아보게 한다. 그러나 안타깝게도 우리는 이분들 대부분의 이름을 모른다. 이름조차 남기지 못했다. 다행히 신원이 밝혀진 다섯 분이 성인품에 올랐다고 했다.

일행은 갈매못 성지라는 이름을 듣는 순간부터 숙연해지는 느낌이다. 허접한 음식으로 인한 불만을 지우고 가슴 속이 알 수 없는 기운으로 채워지는 것 같기도 하다. 이제는 목마른 말이 아니라 일상에 지친 순례객들이 성지를 방문해 생명의 물을 마시는 곳이기 때문일까. 언덕에 위치한 간결한 구조의 성당으로 들어서니 시원한 바닷바람이 가슴을 식혀준다. 설혹 종교인이 아니더라도 삶의 고단한 갈증이나 허기로 힘들 때, 또 자신을 돌아보고 싶을 때 찾아와 보면 어떨까, 하는 생각을 했다.

나는 왜 이곳에 왔는지? 낯익은 곳으로부터 떠난 낯선 여행길에서 무엇을 찾으려 했는지? 이 땅에 하나님의 복음을 전하기 위하여 목숨까지 바친 분들이 건네준 영적 양식의 의미를 깨닫기 위해서 육신의 배고픔을 체험한 것은 아닐까 하는? 수많은 질문을 던져본다. 이제껏 좀 더 많이, 좀 더 높은 곳만을 바라면서 달려온 나는, 선뜻 어떤 대답도 하지 못한 채 바다 닮은 하늘만 올려다보았다.

산사의 숲을 걷다

그림을 그리는 것은 보이지 않는 그 어떠한 힘에 도전하는 것이라고 어느 화가가 말했다. 나의 여행도 그림을 그리는 것처럼, 갈 수 없는 그 어느 곳을 향한 도전이라고 할 수 있을까.

1.

가을이 되면 기차를 탄다. 기차가 달리는 순간 나도 가을을 향해 달리는 것이다. 전라선 구례구역에 도착하여 숙소에 짐을 풀고 첫 번째 찾아간 곳은 화엄사다. 남녘 숲엔 아직 단풍이 짙게 들지 않았다. 드문드문 노랗고 붉은 물감이 물결무늬로 번져나가는 중이다. 우리는 연기암에 들러 화엄사로 가자고 했다. 그러나 차는 제멋대로 가파르게 비탈진 산길을 올라 미타암이란 작은 암자 앞에 멈춘다. 마주 보며 오가는 차의 어깨가 부딪혀서 몸을 움츠려야 갈 수 있을 만큼 좁은 길을 용케도 헤쳐 온 것이다.

산자락인 듯도 하고 텃밭인 것 같기도 한 곳에 쪼크리고 앉아 일을 하고 있던 여승 한 분이 흙 묻은 손을 털며 우리를 반긴다. 그 웃음이 세상과 멀리 있는 듯이 참 맑고 고요하다. 길을 잘못 들었다는 운전자의 변명이 아닌, 저분의 웃음이 우리를 이곳으로 이끌었다는 생각이 든다. 야트막한 비탈길을 올라 암자로 들어선 일행은 스님이 손수 따서 발효시킨 차를 대접 받고, 나는 그물망을 쳐놓은 연못가에 앉아 극락에라도 든 듯 평화롭게 유영하는 물고기를 보고 있다. 그리 가파르지 않은 경사도 다리가 아픈 내겐 거대한 절벽처럼 넘기 어려운 장애물이었기에 암자 안으로 들어가지 못했다. 그러나 그 순간 내 마음도 차를 마시고 있다. 담백하고 깊은 물소리 담긴 차를 그분들과 함께 마시며 스님의 이야기를 듣고 있다. 헐렁한 숲을 휘감으며 달려가는 솔바람소리와 함께.

2.

이튿날 비가 내리는 지리산 자락 피아골을 찾았다. '피아골'이라는 영화가 나온 탓에 영화의 제목으로 더 알려진 이 계곡엔 뭔가 깊은 사연이 숨어 있을 거라는 기대를 해본다. 흔히 한국전쟁 때 이곳에서 동족끼리 피를 많이 흘려 피아골이라고 부르게 됐으리라고 생각하지만 이는 사실과 다르다. 옛

날에 속세를 버리고 한적한 이곳 선경을 찾은 선객들이 고대 오곡 중의 하나인 피를 많이 가꾸었던 연고로 피밭골로 부르게 됐는데, 발음이 피아골로 전화된 것이라고 한다. 깊숙한 계곡엔 여름을 뛰어가던 성급한 물소리 대신 엷은 빗방울이 자박거리며 걸어가고 있을 뿐이다.

굽어보는 산허리엔 물안개가 자욱하게 피어오른다. 일행이 차에서 내려 우산을 쓰고 연각사에 이르는 숲길을 걷는 동안 내 눈빛도 물안개 되어 산등성이를 오른다. 더 많은 것을 보려하지 않으니 몸이 가벼워졌을 것이고, 몸이 가벼우니 더 높이 올라 더 많은 세상을 볼 것이라며. 때로는 한철 꽃피고 지는 숲 속에 나무가 되어보기도 하고, 이름 모를 들꽃으로 피어나기도 하고, 시퍼런 울음으로 달려가는 계곡 물이 되어본들 어떠하겠냐며. 잠시 혼연일체다. 내 몸에 그윽하게 배어든 숲향을 오래 품고 싶은 바람(希望)이다.

3.

지난해 가을 여행 중 들렀던 전남 곡성군 태안사 숲길을 못 잊어 다시 왔다. 일행들은 숲길을 걷자하고, 걷기 힘든 나는 다시 차를 타고 가야만 한다. 아니 한 줄기 바람어깨에 기댄 나뭇잎처럼 내 눈길도 그분들을 따르리라. 때로는 낙엽 차이는 발걸음을 멈추고, 때론 계곡 사이를 흐르는 물소리에 귀를 기울이며 능파각을 지난다. 계곡의 물과 주위 경관이 아름다워 이름을 능파(凌波)라고 지었다고 하는데 이 다리를 건

너면서 세속의 번뇌를 던져버리고 불계(佛界)로 입문한다고 한다. 명산사찰(名山寺刹)이란 말이 있다. 사찰은 깊은 산, 경관 좋은 곳에 자리 잡고 있으니 설령 종교적인 신념이 다르지만 자연과 문화의 복합 유산인 사찰을 찾는다는 것을 또 다른 의미로 받아들이면 되지 않겠는가.

절로 가는 길은 마음을 가다듬고 속세의 때를 벗기 위해서 걸어서 가야한다. 땀을 흘리며 걸어가야 세상사 번뇌를 떨쳐버린다. 나 또한 웅장하고 화려한 태안사 전경을 만나기 위함이 아니라 마음으로라도 산사의 숲길을 걸으면서 또 다른 나를 만나고 내가 걸어온 길을 뒤돌아보며, 이 길을 지나쳤을 수많은 시간과 만나려 한다.

사찰 툇돌아래 벗어놓은 검정 고무신에 꽃이 피었다. 숲속에 핀 꽃보다 더 고운 꽃을 만들어 달아놓은 그 누군가의 마음은, 속세를 못 잊어서가 아니라 자신이 밟고 가는 길이 자신만의 꽃길이라 여겨서일까.

꽃 필 때 환한 길
꽃 지고 잎 떨어져도
꽃고무신 신고 간다
바람 밟고 가는 시간이듯
길 따라
길이 달려가고

- 졸시 -

절집 돌 축대 아래 올망졸망 열린 애호박과 여린 호박순이 먹음직하다며 탐내는 나는, 잡된 생각을 씻어내기라도 하듯이 약수 한 바가지 떠 마시고 돌아선다. 현실 속에서는 갈 수 없는 산사의 계곡에 마음 걸음을 담갔으니, 약한 다리가 천리라도 달려갈 듯이 힘이 솟는다. 나의 여행이란 그래서 한 폭의 그림이 되는 것이다.

청학동을 찾아서

섬진강 화개나루에서 북쪽으로 벚나무 숲길을 따라가면 쌍계사가 나온다. 그 쌍계사에서 다시 북쪽으로 십리를 가면 칠불암이 나오고, 이 칠불암에서 동쪽으로 삼십 리 길을 가면 청학동이 나온다고 했다. 이름처럼 푸른 학과 신선이 노닌다는 도교풍의 이상향.

10년도 더 전인 것 같다. 문우들과 지리산 근처로 여행을 갔던 때다. 화엄사며 토지문학관 등을 둘러보고 나서 섬진강 강가를 차로 달리는데, 햇빛에 반짝이는 잔물결이 실핏줄처럼 이어져 몸속으로 흘러드는 듯했다. 몸 구석구석으로 강물이 스며드는 탓인가. 여행의 피로를 그 청량함으로 다 씻어낸 듯이 몸과 마음이 가벼워졌다.

이어 바닥까지 훤히 들여다보일 듯이 맑은 재첩국으로 점심을 마치고 나섰다. 그 특별할 것도 없는 맛에도 취한 듯 휘청거리며 차에 오르는데, 일행 중 한 명이 청학동에 가고 싶다고 했다. 우리가 머문 곳이 어디쯤인지? 기억이 확실치 않다. 누군가가 왕복 3시간은 족히 될 거라고 이야기 해주었다. 일행은 가까운 거리가 아니라는 사실에 주춤거리는데 가자하던 분은 텔레비전에 소개된 청학동이 신기했는지 꼭 가고 싶다고 했다.

기억을 더듬어 그날의 산길을 가보는데, 외지고 가파른 길을 간 것도 싶고, 다시 이어진 길은 아스팔트가 잘되어 있는 제법 큰 길인 듯도 하다. 마을에는 새로 짓고 있는 한옥들이 여러 채 보였고, 몇 군데 서당인 듯한 곳에 갓 쓴 훈장님도 본 듯하다. 그러나 그뿐이었다. 기대했던 푸른 학도 보지 못했다. 더구나 안개를 마시고 맑은 계곡의 물을 마시고 산다는 신선도 만나지 못했다. 아니, 신선을 닮은 분도 보지 못했다. 우리는 고개를 저었다. 그분도 크게 실망한 듯했다.

"청학동이 아닌 것 같아요."

아무래도 잘못 온 것 같다고 안타까워했지만 그대로 돌아설 수밖에 없었다.

청학(青鶴)은 중국의 문헌에 나오는 '태평 시절과 태평한 땅에서만 나타나고 또 운다'는 전설의 새이다. 그래서 옛 사람들은 태평성대의 이상향을 청학동이라 불렀다. 일찍이 『정감록』에는 '진주 서쪽 100리, …중략… 석문을 거쳐 물 속 동굴을 십리쯤 들어가면 그 안에 신선들이 농사를 짓고 산다.'고 하였으며 이를 본 고려시대의 이인로, 조선시대의 김종직과 김일손, 유성룡의 형인 유운룡 등이 청학동을 찾아 나선 바 있다.

이인로는 「파한집」에서 '지리산 안에 청학동이 있으니 길이 매우 좁아서 사람이 겨우 갈 만하고 엎드려 수십 리를 가면 곧 넓은 곳이 나타난다. 사방이 모두 옥토라 곡식을 뿌려 가꾸기에 알맞다. 청학이 그곳에 서식하는 까닭에 청학동이라 부른다. 아마도 옛날 세상에서 숨은 사람이 살던 곳으로 무너진 담장이 아직도 가시덤불 속에 남아 있다.'라고 하였으나 청학동을 끝내 찾지 못했다 고백하였다. 김종직은 피아골을, 김일손은 불일폭포를, 유운룡은 세석평전을 청학동이라고 짚어 보긴 했지만 확신을 갖진 못했다.

어쩌면 긴긴 세월 동안 섬은 늘 그곳에 있어 왔지만 섬을 본 사람이 아무도 없다는, 섬을 본 사람은 모두가 섬으로 가 버렸기 때문이라는 이어도*처럼, 청학동을 찾아간 사람은 다시 되돌아온 사람이 없기에 찾아갈 수 없는지도 모른다.

길과 길로 이어지지 못한 청학동은 지명만 남기고 이미 사라진 마을은 아닌지. 현실적으로는 아무데도 존재하지 않는 피안의 세계, 이상향(理想鄕)을 향한 염원이 청학동을 찾게 만들었는지도 모른다. 그 후 우리는 몇 번의 지리산 여행 중에도 다시 청학동을 이야기하지 않았다. 텔레비전에는 여전히 청학동 서당이 나오지만 거긴 청학이 살고 있지 않았다.

나 또한 어느 봄날, 지리산 깊은 골짜기를 다 뒤져서라도 청학동을 찾으면 세속의 짐 다 버리고 훌훌 떠나보려 했더니, 전설의 새는 금세 하늘로 날아가 버렸는지 떨어진 깃털처럼 매화 꽃잎만 바람결에 날리더라.

검은 학이든 청학이든 내 눈이 흐리면 다 그저 학이요, 내 눈빛이 맑으면 속인이나 신선이나 매한가지 아닌가. 멀리서 청학동을 찾지 말고 내 안에 청학동을 만들면 될 것을, 옛 선비들이나 우리나 왜 그리 먼 길을 찾아 헤맸는지 모르겠다.

*이청준 소설 「이어도」 중에서

겨울 강가에서

겨울 강가에서 불을 지폈다. 팔당댐 근처 강이 바라다 보이는 노천카페에서다. 통나무를 둥글게 쌓아 벽을 만들어 놓은 한가운데쯤에 장작으로 모닥불을 피웠다. 꽤 싸느란 날씨고, 강바람이 맞서자고 들이대는 곳인데도 추위를 잊고 친구들과 오랫동안 커피를 마시며 이런저런 이야기를 나눴다.

자욱한 연기와 매캐한 나무 타는 냄새 탓인가. 문득 아득한 기억 속에서 흑백 사진 한 장을 끄집어낸다. 옛집 뒤울안에 장작더미를 배경으로 초등학교도 가기 전인 어린 나와 이웃집 아이가 웃고 있는 모습이다. 누가 찍었는지조차 흐릿하고, 그 아이 이름도 생각이 나지 않는다. 내가 뚜렷이 기억하는 건 산더미 같은 장작이다. 가을날 청량리 나무시장에서 수

레에 싣고 오면 일꾼들이 따라와서 잘게 패서 쌓아주었다고 한다. 물론 강가 카페처럼 분위기를 만들려고 한 건 아닐 거고, 집안을 데우기 위해서 또 음식을 하기 위한 마련이라고 했다.

우리 집은 일본식 다다미방을 온돌로 개조하면서 부엌이 깊어지고 아궁이가 생겼다. 아궁이에 장작불을 지피면 불길은 바람을 타고 구들로 빨려 들어가 방을 데웠다. 방은 불길이 스러져도 오랫동안 타다 남은 불씨들이 있을뿐더러 구들장도 달궈져 쉽게 식지 않았다.

나는 그 집 안방에서 태어났다. 아버지는 산모와 갓 태어난 아기를 위해 서둘러 장작 한 더미를 안고와 아궁이에 불을 지폈다고 했다. 그러니 난 장작 불길이 데워준, 춥지 않은 세상에서 첫 울음을 울었던 거다. 그 따스함 속에서 걸음마를 시작했고 세상의 작은 이치들을 깨우치며 자랐다. 늘 아랫목은 막내인 내 차지였던 것도 잊을 리 없다.

울안 무쇠 화덕에서 장작불로 밥을 짓던 풍경도 다가선다. 불길 앞, 엄마 옆에 쪼크리고 앉아 밥이 끓기를 기다리던 게 여간 재미있지 않았다. 타던 장작을 빼내 불길을 재워 뜸들일 무렵이면 밥이 익는 냄새가 또 얼마나 좋았던지. 그때 나는 조숙하게도 불길의 세고 약함을 보며 기다림을 배웠다.

언제부터인가 장작의 자리를 석탄이 맡기 시작했다. 나무를 무한정 베어 연료로 쓸 수는 없겠지만, 연탄의 등장으로 장작불의 역할은 줄어들었다. 그러나 그 시절엔 '연탄가스중

독'이라는 기사가 신문에 심심치 않게 등장했으니, 연탄의 득과 실이 존재하는 것도 깨우쳐야 했다. 연탄불을 꺼트리고 피우느라 고생했던 기억도 밤에도 몇 번씩 갈아대느라 분주했던 기억도, 석유로, 가스로 땔감의 주역들이 새롭게 등장하고 사라지고를 거듭하면서 옛일이 되었다.

지금은 아파트에서 지역난방이니 중앙난방이니 하는 편리한 세상에서 산다. 취사도 전기오븐이나 가스레인지로 바뀌었는데도 왜 장작불 피우던 그 시절이 그리워지고, 불길의 맛까지 얹어 익어가던 그 밥맛이 잊히지 않는 걸까. 요즘 근처에 '장작구이'라는 음식점 간판도 더러 있고 장작불로 달군 찜질방도 생겨났으니, 나처럼 장작불의 향수가 그리운 사람들이 꽤 있는 듯하다.

커피 향이 수그러들 즈음까지도 불길은 '탁탁, 푸득, 푸득' 소리를 내며 바람을 타고 우뚝 서기도 하고 몸을 낮춰 기어가기도 하며 시간을 휘감고 타오른다. 나는 불길을 바라볼 때마다 알 수 없는 황홀한 유혹에 빠진다. 붉은 치마폭의 무희들이 정열적으로 춤을 추는 것 같기도 하고, 붉은 뱀이 긴 혀를 날름거리며 바람을 핥은 것 같기도 하다. 순간, 불길 속으로 나를 던져 함께 춤추고 싶다는 생각도 한다.

문득 나무는 푸른 생기를 거둔 아픔을 잊고, 토막 난 몸을 불사른 열기로 차가운 세상을 데우니 성자(聖者)도 그런 성자가 없다는 생각이다. 누가 타인을 온기로 감싸 안으며 한 줌 재로 변하는 순간까지 자신을 아낌없이 내어주겠는가. 점화

(點火)의 설렘과 활활 타오르는 찬란한 불꽃 춤이 있어서 나무도 무한의 기쁨 속에 사그라지는 것이라고. 그러나 나는, 자신을 위해서도 타인을 위해서도 그렇게 살아오지 못한 허전함만 긴 한숨으로 토해낸다.

강바람마저 태우고 불길이 잦아들 때까지 그곳에 머물다가 장작불길 속에 그리움도 태우고 일어선다. 데워진 가슴으로 차가운 세상에서 석 달 열흘쯤 살아갈 수 있지 않을까, 위로를 건네면서.

들꽃 결혼식

오가는 들판에서 하얀 들꽃을 한 아름 꺾었다. 이름 모를 향기를 탐내서가 아니다. 결혼식을 올려주고 싶은 신부를 위한 향기로운 부케를 만들어 주고 싶어서다. 그런데 눈치가 보인다. 들판이 주인이고 하늘이 주인이기 때문이다. 모두가 보고 가라고 피어난 꽃을 우리의 소유로 만들었기 때문이다. 그래도 오늘은 사랑하는 이들을 위함이니 꼭 한 번 눈 감아달라고 부탁하고 싶다.

몇 년 전 거제도에서 '날마다 기분 좋은 집'이라는 카페를 차리고 있는 시인을 만났다. 노랗게 물들인 긴 머리를 하나로 묶은 모습이나 별모양을 붙인 바지 위에 체크무늬 스커트를 걸친 차림이 예사롭지 않아 보였다. 그리고 그는 혼자였다. 홀로 선 섬과 빈 바다와 아무와도 손잡지 않고 달려오는 바람과 함께하기에 외롭다고 했다. 고독을 걸쳤기에 너무 슬퍼 보일까하여 옷마다 반짝이는 별을 달았다고 했다.

늘 집을 떠나 있으니 장사가 될 리가 없어 '날마다 문 닫은 집'이 되어버린 텅 빈 가게에서 여전히 외로움을 지니고 산다. 그가 우리 목연회의 봄, 가을 문학기행에 차량봉사를 맡아 동행해준 지도 여러 해가 지났다. 그는 사람들을 만나면 정을 듬뿍 나눠주고 쓱 그냥 돌아선다. 챙기는 게 없다. 오히려 뭔가를 더 주지 못해서 안달이다. 자신이 주인공이 아닌 행사에 돈을 털어가면서 신나게 합류한다. 주머니 속에서는 불만을 털어놓겠지만 표정은 마냥 즐겁다. 그래서인가 그에게는 속마음을 털어놓고 지내는 친구가 많다.

그가 이번 가을 여행에 놀랍게도 사랑하는 이와 동행하고 싶다고 했다. 속마음과 달리 툭툭 던지는 실속 없는 농담에 익숙해 있는지라 나는 고개를 갸웃했다. 오죽하면 "혹 강아지나 고양이를 데리고 오는 건 아니겠지요?" 했을까.

마중 나온 구례구역 플랫폼에서 그가 걸친 옷을 살펴보았다. 반짝이는 별 대신 자신의 이름을 새겨 넣은 바지를 입고 있어 한결 당당해 보였다. 한 여인과 함께 서 있는 탓인가.

사실, 40을 훌쩍 넘긴 적지 않은 나이에 서로 만났으니, 그들에게 남모르는 사연이 있을 수도 있다. 하지만 지나간 시간들을 구태여 되새길 필요는 없지 않나. 무엇을 얼마큼 가졌는가도 알 필요도 없다. 바람 밟고 지나가는 시간이듯이 봄꽃 필 때 환한 길을 걸어왔을 것이고, 잎 떨어지면 가슴 속에

스산한 바람결을 재우며 그렇게 살아왔을 것이다. 홀로였기에 외로워서 손 내밀어 서로의 손을 잡았을 것이고 그렇게 서로에게 소중한 사람이 되고 싶다고 약속했을 것이다.

밤이 깊었다. 조촐하게 마련한 결혼식, 들꽃 한 다발을 들려주자 신부는 울먹였다. 신랑은 순백의 드레스 대신 흰 들꽃을 안은 신부의 자태에도 취한 듯 몸을 흔들거렸지만 눈물을 흘리지는 않았다. 숨길 수 없는 떨림에 지그시 눈감고 강물처럼 출렁거리는 가슴만 슬쩍 열어 보인다.

작은 케이크에 여러 개의 초를 모아 한 다발의 불꽃을 피우자 방안이 환해졌다. 어둠과 대비되는 불빛 속에 우리는 케이크를 나눠먹으면서 축하의 말과 덕담으로 행복을 바라주었다. 특급 호텔의 값비싼 피로연은 아니고, 신랑도 신부도 번쩍거리는 옷으로 치장하지 않았지만 그 어떤 결혼식보다 아름다운 건, 들꽃 향기 배인 사랑의 옷을 입었기 때문이다. 진심으로 축하해주는 하객들도 있기 때문이다.

신랑은 자신보다 남들을 챙기며 사느라 모아둔 돈은 없지만 손해를 본 것이 아니었다. 써서 없어질 물질 대신 변하지 않는 마음을 저축하고 있었던 거다. 바람 많이 부는 바닷가에서 진한 외로움을 한 편의 시로 써내려간 시간은 세 권의 시집으로 쌓였고, 그 위에 자신의 시간을 포개준 신부가 있어 앞으로는 더욱 의미 깊은 시를 쓰리라.

그들의 소박한 결혼식이 있어서 싸늘한 가을밤이 따뜻하게만 느껴졌다. 유리창에 비추는 불꽃 그림자가 깃발인양 흔들거리며 그들을 축복해주고 있다.

모정탑 길

어미는 아이의 빈자리에
돌을 심었다
돌이 싹을 틔우고 한 뼘씩 자라는 동안
가슴속 아이도 자랐다
밑동은 듬직이 뿌리 내리고
잔가지 높이 치솟은
나무처럼 우뚝 자랐다
반쯤은 눈물로 키웠다
반쯤은 바람으로 키웠다
아이는 시간을 먹고 하늘만큼 발돋움 했다
푸른 시간의 넝쿨손이 어미의 오두막을 감는 동안
등 굽은 어미는 3천 개 돌을 심었다
26개의 생채기로 채워진 어미의 손등에

26가닥의 바람이 불었다
어미는 하늘로 날아가
하늘 골짜기에 돌을 심는다
수만 개의 돌꽃 위에 눈부신 햇살로 피어난다.

- 졸시 「모정탑 길」 -

강원도 용평으로 가을 여행을 떠났다. 용평여행은 여러 번째이지만 언제나 새롭다. 새로운 곳을 가도 왠지 낯설지만 와본 듯 익숙한 느낌이 들기도 한다. 아마도 대상과 장소에 대해 관심과 정을 가진 탓이 아닐까.

여행 마지막 날이다. 일행은 강릉 대기리 노추산 계곡을 찾기로 했다. 바람이 하얗게 눈 흘기며 계곡의 물을 훑고 지나간다. 다리를 건너 언덕 위를 오르면 3천 개의 돌탑이 있다는 '모정탑' 길이 나온다.

한 무리 새 떼가 회오리로 날아간다. 샛노란 나뭇잎 새다. 바람은 옷깃을 헤치며 파고들기도 하고 걸음을 떼놓기도 어렵게 세차게 흔들어대기도 한다. 일행 중 몇 분은 용감하게 바람 길을 헤치고 돌탑을 보러 떠났고 나를 비롯한 몇 분은 비틀거리며 중심을 잡다가 그만 주저앉아 차 안에서 먼발치로 보기로 했다. 그러나 좋은 세상 아닌가. 금세 스마트폰으로 사진이 전송되어 온다. 사람 키보다 머리 하나가 더 큰 탑 2기가 다른 탑보다 크고 웅장하게 서 있는데 한눈에도 정성을 들여쌓은 것을 알 수 있다. 그뿐인가 크고 작은 각각의 돌을 쌓아올린 탑들이 숲을 이루었다.

탑골을 만든 이는 차옥순 할머니로 2011년 향년 68세로 세상을 떠나기까지 무려 26년 동안 노추산에 기거하면서 탑을 쌓았다고 한다. 할머니가 탑을 쌓은 사연은 30여 년 전 불의의 사고로 아들 둘을 먼저 떠나보내고, 남편도 정신질환을 앓는 등 집안에 우환이 끊이지 않았다. 그러던 어느 날 꿈에 산신령이 나타나 자신이 일러주는 장소에 돌탑 3천기를 쌓으면 우환이 사라질 것이라 말하였단다. 할머니는 그 말을 쫓아 그곳에 돌탑을 쌓았다.

난 탑들이 나무들이란 생각이 들었다. 아이를 잃은 할머니는 빈 가슴 자리에 스스로를 위로하고 살아가야 할 생명의 씨앗을 심은 게 아닐까. 탑은 하늘을 향한 기원이다. 무생물인 돌을 모양새 있게 자라게 한 건 할머니의 애절한 바람(希望)과 눈물이다.

할머니는 자라는 돌들에게서 잃어버린 아이를 보았으리라. 아이의 모습이 쑥쑥 자라는 기쁨으로 움막을 휘감고 지나가는 세월도 잊었다. 할머니가 살았던 움막은 몸을 펴고 눕기도 좁은 한 뼘 공간이지만 나름대로 돌담을 쌓아 옹색하게나마 마당도 갖추었다. 좁고 추운 움막에서 지내며 수행 아닌 수행을 해야 했던 할머니의 정성은 돌탑 위에 눈물 꽃으로 피어났다.

지금 그곳에 할머니는 안 계시다. 그러나 할머니가 쌓아올린 돌들이 비바람에도 아랑곳없이 꿋꿋이 서서 모정을 전해

준다. 사실 다니다 보면 돌탑을 쌓아 놓은 곳은 많다. 이곳을 찾는 발길이 많은 건 모양새가 더 좋아서도 아니다. 단순한 돌탑이 아니라 가슴으로 심은 돌들이 자라나 탑골을 이루어 찾는 이들이 감동을 받는 것이다. '길을 걷는다고 길만 바라보면 안 됩니다. 길 가에 사람을 봐야 합니다. 사람이 있어야 길이 됩니다.'라는 글귀를 떠올린다. 그 길도 탑이 있다고 탑만 봐서는 안 된다. 탑을 쌓은 할머니가 있기에 길이 된 것이라고.

모정의 탑 길을 먼발치서 바라다보니 나를 위해 기도의 탑을 쌓으셨던 어머니가 다가선다. 새벽이면 하루도 거르지 않으셨던 어머니의 눈물 기도 탓에 난 오랜 병중에서 다시 세상 밖으로 나설 수 있었다.

눈가를 적신 눈물을 훔치다 고개를 들어 하늘을 본다. 푸름 사르고 떠나는 이파리들이 펼치는 색색의 군무가 눈부시다. 우우~ 바람의 노래가 돌탑 사이를 맴돌다 해발 1,322m 노추산을 넘는다. 내 어머니를 향한 그리움도 따라서 산을 넘는다.

고갱과 거리의 화가

영 끝나지 않을 듯이 질질 이야기를 끌고 가다가 어느 날 갑자기 서둘러 끝내버리는 TV드라마처럼, 여름이 끝났다. 물론 지겹기도 했고 견딜 수 없었지만 돌이켜 보면 어느 순간 푸른 추억도 남아있기 마련 아닌가.

친구와 가을의 문턱에서 만났다. 우리는 덕수궁 앞을 지나 시립미술관으로 향했다. 고갱전을 보자는 여름부터의 약속이었다. 뜨거운 열기를 피해서 나뭇잎들이 풍성한 숱을 덜어내고 그 사이로 하늘이 깊숙이 내려앉을 즈음이 미술관 관람하기가 좋을 것 같다는 생각을 했기 때문이다.

우리와 같은 생각을 한 수많은 인파들 속에 줄을 지어 그림을 구경하는지, 사람의 뒷모습을 구경하는지 모를 혼잡함 속에서 고갱(Paul Gauguin)을 만났다. 더구나 며칠 남지 않은 전시기간 탓에 관람객들은 긴 줄 뒤편에 서서도 불만의 표정이 아니다. 그뿐인가. 스마트폰으로 앱을 다운 받아 연인과 이어폰으로 자세한 설명까지 나눠 듣고 있다. 요즘 전시장의 달라진 풍경이다. 한 젊은 엄마는 유모차에 태운 아기에게 그림 이야기를 자상하게 해준다. 아기는 기억할까? 엄마와의 미술관 나들이를, 그리고 고갱이라는 유명한 화가를.

프랑스 파리에서 출생한 고갱은 주식 중개인을 하다가 30대에 화가로 전향, 타히티, 폴리네시아에서 때 묻지 않은 자연과 타이티의 여인들을 강렬한 색채로 그렸다. 광기 서린 고흐와의 만남도 그림 속에 남아 있다.

이번 전시엔 고갱의 자화상 세 점이 걸려있다. 부르타뉴 퐁타방 지방에서 인상주의 화풍의 영향을 받아 어느 정도 작품 세계를 완성한 후 종합주의로 나아가던 시점인 1889년의 '안녕하세요 고갱씨'와 타히티로 떠나기 전의 자신만만함이 묻어나는 1890년의 '황색 그리스도가 있는 자화상' 그리고 타히티에서의 좌절과 경제적 어려움을 겪은 후인 1896년의 '자화상'까지….

앞에 두 자화상에는 어느 정도 화가로서 자신만만하던 모습이 보인다. 그러나 세 번째 자화상에는 불과 몇 년 사이에 인생의 고뇌를 짊어진 피곤한 중년의 모습에서 타히티에서의 좌절과 여러 어려움을 볼 수 있다. 확연히 달라진 그의 자화상을 보면서 '얼굴 위에 쓴 일기'라는 어느 분의 표현에 고개를 끄떡인다. 나는 그의 자화상의 남다른 눈빛에 매료되어 오래도록 움직일 수 없었다.

그런데 아, 고갱, 그가 그림 속을 벗어나 자신의 그림 앞에 서 있다. 먼 시간의 저편에서 달려왔는지 조금은 어리둥절한다. 수많은 관람객에 좀 놀라는 표정이기도 하다. 나 또한 그 생생한 감동의 시간이 놀라워서 숨이 멎을 듯하다. 끝이 휘어져 내린 매부리코에서는 예술가다운 고집이 엿보인다. 눈빛이 강렬하다. 결코 그림 속 꿈꾸는 눈빛이 아니다. 현실을 경계하고 다소 두려움마저 보인다. 보이는 자연 속 대상과 보이지 않는 상대편의 생각을 읽기 위해 끊임없이 뾰쪽한 날을 세우고 있는 듯하다.

고갱은 1900년에는 마르케이자스 제도에 여행한 뒤 그중의 하나인 라 도미니크 섬에 자기의 작은 오두막을 짓고 생활도 비교적 여유 있게 보냈다. 그러나 건강과 일련의 사건으로 고독과 비탄 속에 살다가 사망하였다. 그는 예견하지 못했으리라. 100여 년 시간의 날개를 달고 먼 나라 한국에서 우리와의 감격스러운 만남을.

고갱과 아쉽게 헤어져 나오는 덕수궁 골목길에는 가을이 스며들었다. 돌담에 기대선 그림들은 그저 흘긋 스쳐지나가는 눈길에도 감격스러워 하다가 해거름에 깜빡 조는 것 같다. 수염이 덥수룩한 거리의 화가도 짧은 햇살을 덮고 그림처럼 졸고 있다. 그도 어느 날 고갱처럼 그림이 좋아서 생업을 버리고 그림을 그리기 시작했는지 모른다. 때 묻지 않은 자연과 순수의 꿈으로 하얀 캔버스를 채우려 세상과의 복잡한 끈을 놓아버렸는지. 남루가 그를 그림자처럼 따라다니지만, 붉은 물감이 번져 눈부신 꽃으로 피어나고 초록 물감이 넘실대는 숲이 좋아서 이 거리를 떠나지 못하고 있지는 않은지.

그는 지금 꿈을 꾸고 있는지 빙긋이 웃음을 띤다. 타임머신을 타고 간 미래에서 자신의 그림 앞에 선 수많은 관람객들과 만나고 있는 듯하다. 친구는 이해하기 어려운 그림보다 그의 그림이 좋다고 했다. 꽃도 좋고 시골 풍경도 정겹다고 했다. 예술엔 정답이 없다. 보는 이의 눈빛이 명화를 만들고 시간 따라 깊은 의미도 부여한다. 더불어 이름을 높이고 가치를 높이기도 한다.

글을 쓰고 그림을 그리면서, 가끔은 시간의 축을 뛰어넘은 어느 순간 내 글이, 내 그림이 또 다른 시간을 살고 있는 누군가를 만날 수 있을까? 하는 생각으로 그의 꿈 위에 내 꿈을 슬며시 얹고 빙긋이 웃어본다.

다른 세상, 다른 사람들 이야기

매일매일 가파른 언덕을 오르고 내려야 하는 산동네. 달이 뜨면 달이 더 가까이 내려오는 달동네. 서울 변두리, 시내버스 종점에서 꼬불꼬불한 골목길을 따라 올라가면 불암산과 수락산 사이의 야산과 들판이 만나는 곳이 있다. 앞쪽 야산 꼭대기까지 낡은 집들이 다닥다닥 붙어 있는데, 얄따란 벽 틈새로 얄미운 바람이 함께 살자고 막무가내로 들어선다.

연탄을 한 100장쯤 쌓아 놓으면 부자가 된 듯하다고 했다. 부엌에서 더운 물이 콸콸 나온다면 세상에 부러운 게 없을 것 같다고. 그런데 아직은 그렇게 살아보지 못했다고 했다.

그런 단칸셋집에는 70이 넘은 할머니와 초등학교 2학년짜리 손녀딸, 두 식구가 살고 있다. 몇 해 전 바람 세찬 동네에 사는 정아라는 아이를 취재하러 갔을 때 이야기다.

20살도 못된 철없는 엄마는 정아를 낳고 곧 집을 나갔단다. 막노동을 하던 정아 아빠는 몇 해 전에 뺑소니 차 사고로 하늘나라로 떠났다고 했다.

"이곳은 원래 배나무 밭이었지. 달동네로 바뀐 건 꽤 오래됐어. 근처에서 쫓겨난 철거민 100여 가구가 가구당 8평씩 받고 강제로 이사해온 게 시작이야." 할머니가 하시는 말씀이다.

"여태껏 이곳이 배나무 밭이었다면 더 좋았을 텐데…."

정아의 말이다.

봄이면 하얀 배꽃이 피면 얼마나 예뻐. 그리고 가을엔 배가 주렁주렁 열리니 더 좋을 텐데. 생각만 해도 달콤한 배를 한입 콱 깨물어 먹은 것 같이 입안이 시원해지나 보다. 참 어른들이 하는 일을 잘 모르겠다고 고개를 갸우뚱한다. 왜 배밭을 없애고 판자촌을 만들었는지.

불암산이 참 가깝다. 그래도 정아 할머니는 산이 좋은 줄 모르겠다고 고개를 젓는다. 사람들은 건강을 위해서 등산을 한다는데, 매일매일 가파른 언덕을 오르는데 별로 좋은 줄 모르겠다. 아니 숨이 차다.

처음 온 사람들은 공기가 맑고 신선하다고 하는데, 정아는 또 별로 좋은 줄 모르겠다고 했다. 그뿐인가 겨울에 눈이라도 내리면 그대로 미끄럼장이 된다. 남들은 돈 내고 스키 타러

간다는데, 산동네는 연탄재를 뿌려도 미끄러워서 오르기도 힘들고 내려가기는 더 힘들어서 쩔쩔맨다.

종일 일 나가는 엄마를 기다리며 차가운 바람 속에 콧물 눈물 흘리며 노는 아이들이 꽤 있다. 아득하게 잊힌 연탄재가 문 앞에 수북이 쌓여있고 채 식지 않은 그 온기에 등 기댄 좁다란 골목. 그 골목으로 난 작은 창문에는 집집마다 인정 없이 들어서는 바람을 막으려고 비닐을 쳐 놓았고, 비가 새는 것을 막으려고 얹어놓은 비닐을 눌러주는 타이어들이 지붕 위에서 뒹구니 납작한 집이 더 허리가 굽은 듯 보인다.

"날 저무는 하늘에 별이 삼형제~ 반짝반짝 정답게 지내이더니…."

앞집 뒷집 창이 서로 건너다보고, 밤이면 마당 끝에 옆집과 함께 쓰는 재래식 화장실이 무서워 가지 못하는 정아를 화장실 문 앞에서 기다려주며 할머니는 흥얼흥얼 노래를 해준다.

그러나 뒤돌아보면 바로 아래편에 20층 고층 아파트들의 불빛이 별빛처럼 반짝인다. 다른 세상이다.

학교에서도 아파트 사는 아이와 산동네 사는 아이들로 나누어진다고 했다. 아파트촌 엄마들이 산동네 아이들과 자기 아이들이 어울리는 것을 싫어한다. 건널목 하나 사이처럼 가까운 거리지만 보이지 않는 금을 그어놓았다는 것을 산동네 아이들은 다 알고 있다. 값비싼 학용품도 자랑할 수 없고 방학이면 갔다 왔다는 스키장, 해외여행도 상상할 수 없다. 그러니 그 애들과 친구가 될 수 없지 않나.

엘리베이터를 타고 올라가서 요술처럼 번호 누르면 열리는 현관문. 하루 종일 햇살이 비추는 거실, 냉장고에 가득 찬 맛난 음식, 최신 컴퓨터 앞에서 게임을 즐기는 아이들이 정아는 부러웠단다. 우리 아빠는 무슨 차를 타고 다닌다고 자랑하는 아이들이 보기 싫기도 했다고.

산동네 달동네, 오래된 기억 같이 낡은 골목 풍경을 바라다 보면서 문득 그런 생각이 들었다. 지닌 자와 못 지닌 자, 과연 얼마큼 상대편을 이해할 수 있을까. 내가 가지고 있는 작은 것들이 소중해도 많은 것을 지닌 이에게는 한없이 초라하게 보일 텐데. 사실 나도 이 산등성이를 오르면서 내가 살아보지 못했던 또 다른 풍경에 쉽게 다가설 수 없는 거리감이 느껴지니….

다름은 무엇인가? 각각 다른 색인 빨강색과 남색이 섞이면 신비한 보라색이 되고 빨강색과 노랑이 섞이면, 붉은빛은 자신을 낮추고 노란색은 붉은빛을 감싸 안는 따스한 주홍색이 되는데. 결코 섞여질 수 없는 색들이 아주 가깝게 마주보이는 곳에 건너다보고 있다. 자신만의 색을 운명처럼 안고 가는 사람들이 사는 곳. 그러나 세상에 '영원히 변하지 못할 것은 없다.'라는 말만 나직이 중얼거리면서 언덕을 천천히 내려왔다.

"정아야, 네가 어른이 되면 더 많은 빛깔들이 어우러져서 꽃피는 아름다운 세상을 꼭 만들렴."

*몇 해 전 취재를 갔던 동네 이야기다. 이곳은 뉴타운으로 재개발된다고 한다. 시간이 골목의 모습을 바꾸어 놓아도 기억의 발자국은 여전히 산동네를 오르고 내리리라.

12월의 의미

12월입니다. 바람이 시간을 흔들어대며 가슴 속으로 들어섭니다. 사람들은 한 해가 가기 전에 얼굴 한 번 더 보자고 벗을 불러냅니다. 허전한 속을 채우려는 듯이 술자리를 마련합니다. 맨정신으로 보내기에는 너무 아쉬워서인가요. 목청 돋우어 노래도 하고 괜스레 밤길을 헤매기도 합니다. 시인 엘리엇은 4월을 잔인한 달이라고 했지만 시인 천상병은 12월을 잔인한 달이라고 했습니다. 시간에는 본래 구분이 없는데 인간의 편의로 쪼갠 12개 단위의 맨 마지막에 놓인 12월에 우리는 많은 의미를 얹습니다.

인디언들은 달력을 만들 때 그들 주위에 있는 풍경의 변화나 마음의 움직임을 주제로 그 달의 명칭을 정했다고 합니다. 12월을 '다른 세상의 달(체로키족)', '침묵하는 달(크리크족)', '무소유(無所有)의 달(퐁카족)' 등. 부족들에 따라서 칭하는 이름이 다릅니다.

'다른 세상의 달'이라는 건, 12월은 한 해 속으로 당겨지지 않은 낯섦이 있고 다음 해라고 하기에는 올해가 끌어안고 가야하는 미진함이 남아있다는 의미가 아닐까요. 크리크 족인 말하는 '침묵하는 달은' 성장을 잠시 멈춘 나무들처럼, 한마디의 말보다는 열 가지 깊은 생각으로 한 해를 마무리하라는 뜻인 듯싶습니다. 열두 달만큼 성숙된 내가 아픔이나 분노라도 긍정으로 감싸고 가는 해를 뒤돌아다보면서 오는 해를 맞이하라는 의미인지도 모르겠습니다. 또 한 해의 이야기들을 그대로 간직하고 싶어도 시간의 옷은 새것을 원합니다. 소유하고 싶어도 12월의 시간들은 날개를 달고 빠르게 날아가니까요. 아무것도 내 것으로 남겨둘 수도 없고 또 두지도 말라는 깊은 뜻인 '무소유의 달'이라는 표현도 참 깊습니다.

사진 한 장을 봅니다.

지난 가을, 문우들과 안면도 여행길에 해질 무렵 몽산포에 들렀지요. 바다는 한없이 넓은 검푸른 양탄자를 깔아놓은 듯 했습니다. 바람이 바다 모퉁이를 세차게 내려쳤는지, 모퉁이부터 울렁거린 물결의 파장이 바다 전체를 흔들며 넘실거렸습니다. 하루 종일 비가 부슬거리다가 잠깐 멈춘 하늘가엔 검은 구름 사이로 숨죽인 해가 얼핏 몸을 드러냅니다. 어두운 수평선과 점차적으로 짙게 채색되어 가는 붉은빛 하늘엔 또 다른 세상이 펼쳐지는 듯했습니다. 동화 속 마법의 성으로 가는 길처럼 바다에서부터 하늘 가로 또 하나의 길이 쫙 펼쳐집니다. 어둠으로 사라지는 오늘을 내일로 이어주는 신비한 길, 그 위를 우리의 눈빛이 걸어갑니다.

한 해를 마치는 12월에 서서 가을 여행 중 만난 황혼녘 바다를 떠올렸습니다. 해가 지는 서쪽은 성숙한 지혜의 방향이랍니다. 황혼녘은 책임과 반성의 시간이고 배우고 긍정하며 감싸는 시간이라고 합니다. 1월이 동쪽이라면 12월은 서쪽이겠지요. 그리고 황혼녘이겠지요. 사진 속 우리는 어두움과 하나 되어 수평선을 보고 있습니다. 지는 해가 만드는 찬란한 이야기를 보면서 침묵의 언어로 하루를 비우고 있습니다. 오늘이 항상 밝고 즐거운 것이라는 생각은 하지 않습니다. 오늘의 일몰이 내일의 일출을 낳는 해의 반복된 동작을 통해 마침이 아니라 다음으로 이어지는 시간이 주는 소중한 의미를 새삼스럽게 깨우치고 있습니다. 한 해 속에 아픔이나 기쁨을 통해 성장해온, 좀 더 어른이 된 나와 마주하는 일인 듯 숙연했지요.

12월을 지녔다는 건 행운이 아닐까요. 다급함 속에서 또 다른 여유를 배울 수 있고, 보내는 것과 새롭게 받아들이는 것을 지혜롭게 하나의 행복으로 만들 수 있는 시간이기 때문이지요. 우리가 황혼의 아름다운 바다를 잊지 못 하듯이, 아쉽게 가버리는 12월도 잊지 못할 겁니다. 어제와 다른 해가 떠올라 새날로 이어지는 희망찬 시간의 가교(架橋)이기 때문이지요.

시간의 담을 넘어

그네타기

'해님과 달님' 옛날이야기 속의 아이들처럼, 호랑이에게 쫓기다가 하늘 향해 소원을 빌었는가. 하늘과 하늘 사이 휘청 두 개의 긴 동아줄이 내려온다. 나는 뒤돌아보지도 않고 선뜻 동아줄을 잡는다. 바람과 부딪히는 몸짓이 바람을 타고 오른다. 자신의 몫뿐 아니라 남편 몫의 불사약까지 먹고 몸이 둥둥 떠올라 달로 숨어 버렸다는, 활 잘 쏘는 예의 아내 항아* 처럼 바람을 가르고 두둥실 솟구친다. 한 마리 새가 된 듯도 하고 푸른 바람이 된 듯도 하다.

그네를 타던 어린 시절을 못 잊어서인가. 난 가끔 그렇게 그네를 타는 꿈을 꾸곤 했다. 꿈에서 깨어나서도 가슴 속이 후련해지고 몸이 가벼워지는 듯했다. 오늘 용인민속촌 나들이에서 그네를 본 순간에도 꿈속에서 타던 그네가 떠올려졌다. 흡사 그 그네라도 되는 듯한 반가움에 얼른 달려가 타보고 싶었다. 그러나 밑신개(앉을깨)에 간신히 몸을 올리고 흔들어 보려했지만 피잉! 세상이 도는 현기증에 그만 물러서고 말았다. 그네를 타 본 지가 얼마 만인가? 하늘을 향해 힘차게 발을 구르던 아이는 간데없고 아쉬움만 빈 그네를 밀고 있다.

그네를 일컫는 말은 무려 60가지나 된다고 한다. 구늘, 굴기, 군대 등. 전라도에서는 '질메' 경남에서는 '술래'라고도 한다. 강원도를 비롯한 중부지방에서는 '추천(鞦韆)'이라고 불렀다. 곧 '밀어 옮겨간다'는 뜻인 것 같다. 수많은 이름만큼 각 지방마다 궁중이나 민중이나 다 즐겼던 풍습인 듯싶다. 단오나 명절에 그네타기 대회도 열렸다고 한다.

그네는 흔히 마을 어귀나 동네마당에 있는 큰 느티나무 혹은 버드나무 등의 가지에 매어놓고, 동네사람들이 수시로 나와서 뛰고 놀게 한다. 마땅한 나무가 없거나 더 큰 그네가 필요할 경우에는 넓은 터에 긴 통나무 두 개를 높게 세우고, 그 위에 가로질러서 묶은 통나무에 단다. 이 통나무에는 색헝겊을 둘러서 장식하고 그넷줄은 굵은 동아줄이나, 또는 색실, 노끈들을 꼬아서 만들기도 한다. 이렇게 가설된 그네를 '땅그네'라 한다.

그네 타기는 바람이 밀어주고 몸짓이 땅을 구르며 당겨주어 허공을 난다. 울안에 갇힌 아녀자들에게 그네를 통한 하늘

날아 보기는 가슴이 탁 트이도록 신나는 놀이였다. 지상에 매인 삶도 한(恨)도 멀어진다. 또 높은 세상으로의 엿보기다. 양반네들보다, 남정네들보다 더 높아진들 누가 뭐랄 거냐. 탁한 세상에서 승천하는 선녀도 되고 광한루의 춘향이도 돼는 거다. 낮은 곳에 머문 이들에게 잠시 허용된 날개였으리라.

오래전 우리 집에도 아버지가 실팍한 은행나무 가지를 골라 그네를 매주었다. 봄이 시작되고 연록의 잎들이 더 짙은 색으로 채색되면, 나무가 만들어준 푸른 그네를 탄 나도 5월처럼 싱그러웠다. 나의 그네는 단순한 놀이 기구가 아니었다. 꿈을 지닌, 내일을 향한 발돋움이었다.

아기 적에 언니나 오빠가 밀어주던 그네를 홀로서서 움직이면서부터 스스로 꽤 컸다는 생각을 했다. 힘차게 발을 구르며 하늘 속으로 달려가던 아이는 어느 날 더 높은 세상을 꿈꿨다. 더 높이 날아가면 다른 세상이 기다릴 것 같은 벅찬 기대를 가졌다. 그러나 갑작스럽게 닥친 병으로 인해서 꿈을 접어야만했다. 내 꿈을 매달고 날기에는 너무 벅찼던가. 꿈의 그네 줄도 높이 올라갔기에 더 빠른 하강으로 곤두박질쳤다. 상처도 컸다. 다시는 그네를 탈 수 없이 되어버렸다. 그뿐인가, 건강을 잃어버림과 함께 그네가 있는 집도 떠나야했다.

저만치서 그네를 타는 여인을 본다. 엷은 진홍빛 한복 치마폭에 바람을 가득 담고 힘차게 발을 구르고 몸을 흔들며 더 멀리 더 높이 훨훨 날고 있다. 그의 자태가 바람에 날리는 한철 꽃인 듯 아름다워서 눈길을 돌리지 못하겠다. 이제는 더 이상 탈 수 없는 그네 대신 마음의 그네 줄을 잡은 나인 듯해서다. 불편한 육신 대신 강한 의지로 바람을 부추기며 하늘 향해 날갯짓 하는 내 모습이 그곳에 있다. 봄이 한가롭게 걸쳐진 5월의 하루가 펄럭이고 있다.

*항아분월(姮娥奔月) 고사: 항아는 미인의 대명사, 활 잘 쏘는 영웅 예의 아내.

널 잊었어

널 잊었어. 무겁다고, 젖은 몸 말려주기 귀찮다고 내몰아쳐 버린 지가 아득하네. 다용도실 한쪽 구석에 쌓아놓고 버리지 못한 건 그나마 네가 어머니 손길과 함께했던 정 때문인가?

언제부터인가 플라스틱 도마를 들여놓고는 깨끗해서 위생상도 좋고, 가벼우니 관리하기도 쉽고, 너처럼 제 몸을 깎아 먹지도 않으니 좀 좋으냐고 희희낙락 했지. 당연히 너를 못마땅한 눈으로 보기 시작했어. 넌 입을 삐쭉이 내밀고 툴툴 거렸지만 "김치 한 포기 썰어봐라. 시뻘건 국물이 배어들어서 좀 보기 흉하냐." 일침을 놓으니까, 입을 꾹 닫아버리더라. 그뿐인가. 칼침 맞은 등허리 도마밥*을 야금야금 우리가 먹지 않았느냐고 들이댔더니, 우물쭈물하면서 변명을 늘어놓는 거야.

"그래도 우린 나무잖아요. 나무를 조금씩 먹는다고 건강을 해치나요? 빨리 죽나요?" 하긴 그렇긴 하네.

"무채를 썰어보세요. 우리 몸의 두께가 칼의 날카로움을 받아쳐서 얼마나 잘 썰어지는데요."

쉬지 않고 떠들어대는 너의 말에 순간 당황했지만 요새는 채칼이 있는데 뭔 걱정이냐고 윽박질러버렸어. 채칼로 썬 맛과 도마 위의 칼 맛이 어떻게 같으냐고 또 들이대는데, 무슨 말이 그리 많은가 싶어서 얼른 구석에 처박아버렸어.

난 요즘 색색의 세라믹 도마를 들여놓았지. 친환경소재에다 음식물 냄새가 안 배서 최고로 좋다는 거야. 붉은 색은 '생선과 고기용' 푸른색은 '야채'로 구분해서 사용하니까 더 위생적이고 말이야. 뿐인 줄 아니. 두부며 파를 썰어서 도마째 오므려 넣으면 또 얼마나 편하다고.

그런데 비가 주룩주룩 내리는 창밖을 보면서 이상하게도 네 생각이 나더라. 그래서 다용도실을 뒤져서 너를 찾아냈어. 패인 등허리의 칼자국에서 이곳을 걸쳐간 어머니의 손길이 아직도 깊숙이 남아 있는 듯해서 가슴이 아릿하더라. 어머니가 특별히 부탁해서 가져왔다는 넌 단단한 박달나무로 널찍하기는 됫박 후하게 주는 싸전 주인아저씨 마음씨 같았고, 두툼하기는 명절에 김치며 고사리 고기 등… 고명 듬뿍 얹어 부친 빈대떡 같았어.

오늘 같이 비가 내리는 날은 멸치 우린 국물에 손칼국수가 제격이지. 그때도 그랬어. 말을 하지 않아도 우리 맘을 들여다보시는 어머니가 콩가루 섞어서 밀가루 반죽을 시작하면 넌 덩달아 신나했지. 등허리에 밀가루를 쫙 뿌리면 칼 상처자리마다 하얀 웃음꽃이 벙긋이 피어나는 거야. 반죽을 방망이로 얇게 밀어대면 간지럽고 시원하다고 킬킬거리는 소리가 들리는 것 같았어. 어머니는 쟁반만큼 넓어진 반죽을 몇 겹으로 접어서 흡사 네가 다치기라도 할 듯이 사뿐사뿐 써는 거야. 호박까지 채를 썰어 고명으로 얹어 완성한 칼국수 한 그릇. 땀을 뻘뻘 흘리면서 후딱 먹어치우는 우리들은 이내 널 잊었겠지만 어머니는 다르셨어. 정성껏 닦아서 말리고, 물론 툭툭 치면서 수고했다는 말도 잊지는 않으셨겠지.

넌 김장을 할 때면 제일 바빴지. 양념을 다지고 무채를 썰고. 온갖 양념으로 인해 화끈거리기도 했으련만…. 또 등허리는 좀 아팠겠니. 그래도 오히려 신나는지 어깨를 들썩들썩하는 거야. 또 평소에 생 더덕이며 도라지를 칼등으로 자근자근 두들길 때나 북어를 방망이로 두들겨 연하게 할 때도 괴롭다는 내색이 없었어. 날카로운 칼질로 몸에 상처가 나도 그저 맛있는 반찬을 만드는 유익한 존재가 된다는 사실이 뿌듯해서 행복한 표정이었어. 얼음장 물에 손이 터져도, 매운 고추물이 들어 밤새 화끈거려도, 식구들에게 먹일 맛있는 김치 담그느라 힘든 줄 모르는 우리 어머니를 닮지 않았나 싶어.

가벼워지고 얇아지고 그래서 편리해진 세상에서 널 잊고 살았어. 김치도 사서 먹고 반찬도 손이 많이 가는 건 안 해 먹고 살아가느라 필요해 하지도 않았어. 그런데 문득 너의 냄새가 그리워지는 거야. 모든 음식 재료를 내 것으로 받아들여 만들어가는 과정에 함께하는 너그러운 성품도 만나고 싶고.

"매일이 아니라도 좋아. 가끔 날 필요로 해줘. 뜨거운 음식을 올려놓고 썰 때도 우린 안전해. 굽어진 허리를 걱정하지만 대패로 한 번 깎아내면 돼."

너는 아주 진지하게 말을 하기 시작했어. 그리고는 위생문제를 걱정하는 나에게 "굵직한 소금을 뿌리고 살짝 문질러 주거나 식초나 레몬즙을 이용하면 냄새도 세균 걱정도 하지 않아도 돼. 조금 부지런하면 되잖니."

너의 설득력 있는 애원에 그만 감동을 받았는지 네 자리를 마련해 주어야겠다고 고개를 끄떡이고 있어. 잊히는 것들이 너무 많은 세상에서 살아남기가 쉬운 일만은 아니겠지. 사실 간사한 게 인간이라고 세상 모든 사람들처럼 편리함이라는 유혹에 빠져 널 잊어버렸어. 그러나 아주 잊어버린 건 아니었어. 조금 멀리 했을 뿐이지. 정말 미안해. 그래. 가끔 어머니의 손맛이 그리울 때면 널 불러낼게. 칼날과 어우러져 내는 뚝딱뚝딱! 소리가 신나는 음악소리처럼 듣기 좋을 성도 싶고. 나무 향이 배어들은, 조금은 예스러운 음식 맛을 기대도 해보면서 말이야.

*도마밥: 식칼질 할 때 도마에서 나오는 나무 부스러기.

그 여름 풍경 · 1

올해는 여름이 일찍 찾아왔다. 80년 만에 찾아온 5월 더위라고 한다. 앞뒤 베란다 창을 다 열어놓고 지나가는 바람을 불러들였는데 습기까지 따라 들어와 후끈거리니 견디기가 어렵다. 그러나 늦게 오나 일찍 오나 여름은 어김없이 온다. 매해 찾아오는 더위건만 또 덥다고들 야단이다.

얼핏 대문 밖에서 '아이스깨끼!' 하는 소리가 들리는 듯하다. 귀가 번쩍 커진다. 우아, 기다렸다는 듯이 언니나 오빠를 졸라 달려가는 작은아이가 보인다. 입 안에서 차근거리면서 사르르 녹아내리던 그 달콤한 맛이 혀끝에서 맴돈다. 맛은 기억을 지배하는 것 같다. 구수한 동태찌개를 먹으면 유난히 좋아하시던 아버지 생각이나 눈가에 가득 눈물이 고이곤 한다.

노각을 무칠 때마다 그 새콤하고 매움한 맛을 여름 반찬으로 떨어뜨리지 않던 어머니 생각이나 가슴이 저려들기도 한다. 긴 막대에 얼린 아이스케이크의 시원하고 달착지근한 맛을 떠올림은 더할 수 없이 그리운 유년의 순간을 함께 부르는 것이다.

당시 아이스케이크 장수는 보통 어린 학생들이 많았다. 교복에 학생모까지 썼는데, 나무로 된 통을 한쪽 어깨에 메고 골목을 누비며 소리를 쳤다. 어린 나이인데 왜 먹고 싶지 않았겠는가. 더구나 무거운 통을 메고 다니니 몹시 더웠을 텐데. 그러나 한번 먹기 시작하면 계속 먹고 싶어져서 꾹 참는다는 이야기를 했다.

뚝섬이나, 인천 송도로 아버지를 따라갔던 물놀이 또한 잊을 수 없다. 떠나기 전에 어머니는 절대로 아이들에게 뱃놀이를 시키지 말라고 신신당부하셨다. 배를 타는 행위가 무척 두려우셨든 것 같다. 그러나 뭔가 색다른 경험을 만들어주고 싶었던 아버지는 비밀을 지키라는 당부와 함께 배를 태워주셨다. 땅 위에서의 걸음만 익숙해 있는 아이에게 짧은 거리였지만 출렁출렁 물결을 헤치고 갈 수 있다는 건 조금은 무서웠지만 신기한 모험 같은 사건이었다.

나는 그때 가만히 손을 담가 강물을 만져보았다. 멈춰 있지 않은 물줄기가 손바닥에서 흐르는 느낌이 무서워서 얼른 손을 빼올렸지만, 그 차끈한 물기가 신선해서 한동안 닦지도 않고 바라보았다. 나는 대단한 비밀이라도 되는 듯이 으쓱거리며 집으로 돌아왔다. 물론 함께 가지 않은 큰오빠에게 배탄 자랑을 해댔으니, 어설픈 아이와의 약속 때문에 아버지가 어머니에게 타박을 들으셨으리라. 하지만 무사히 돌아왔는데 무슨 말이 더 많았겠는가.

가만히 앉아 있어도 땀이 줄줄 흐르는 더위의 한가운데쯤엔 작은오빠와 얼음 심부름을 했다. 동네 가게에서는 큰 얼음을 톱으로 썰어서 팔았다. 주인이 새끼줄에 매달아 준 얼음을 들고 오는 오빠를 따라올 때면 괜히 신이 났다. 굵은 바늘로 쪼개면 결을 따라 쫙쫙 갈라져 잘게 조각난 얼음으로 수박화채를 만들기도 하고 미숫가루 냉차를 만들기도 했다.

우린 그 시원한 맛이 주는 만족감에 가슴 뿌듯한 풍요로움을 느끼기도 했다. 냉장고에서 얼음이 쏟아지고 김치 냉장고까지 들여놓고 변하지 않는 김치 맛을 붙잡고 있는 오늘에도 그 시절 그 얼음이 주었던 행복감은 여전히 녹아내리지 않고 남아 있다.

5월의 더위가 만만치 않다. 시원하게 잠을 청해보려고 에어컨에 선풍기까지 틀어놓았는데 과한 바람 탓에 목으로 아픈 숨이 넘어간다. 문득 잠든 머리맡에서 쉬엄쉬엄 부채질 해주던 어머니의 서늘한 부채바람이 다가온다. 세지도 약하지도 않은 그 바람은 조심스러웠다. 다 날려 보낼 것 같은 분노도 기척 없는 미풍도 아니다. 나를 재우기에 알맞은 바람의 세기를, 어리석게도 나는 반생애를 훌쩍 넘게 살아오면서도 가늠하지 못한다. 그러나 아이를 재우는 어머니는 일찍이 알고 계셨던 거다.

나는 그 바람 속에서 내일을 향한 꿈을 꾸었으리라.

열대야로 잠 못 드는 밤에는 '마당 평상 위에서 별빛을 덮고 잠이 든다면 얼마나 운치 있을까'라는 생각을 해보았다. 그런데 도시 속에서 유년을 보내면서 한 번도 그래보지는 못했다. 모기나 벌레의 공격도 두려워했을 터이고, 막힘이 없다는 허전함이 한데 잠을 말렸을 것이다. 그러나 대청 위에 대자리 깔고 커다란 삼베 모기장 안에 형제들과 나란히 누워 두런두런 이야기를 나누다 바람과 함께 스르르 잠들어 버리곤 했다. 우리는 그때 그 넓은 모기장 안에서 여름을 보내고, 몸집이 커지면서 한 살씩 나이를 더해갔다.

여름의 문턱에서 여름을 추억한다. 그 시절 가장 그리운 이는 푸른 나무처럼 하늘로 크던 여름 같은 아이다. 기억 속의 여름을 딛고 가듯이 또 다른 기억을 만들며 뜨거운 계절로 가고 있다. 올여름은 또 얼마나 더우려나.

그 여름 풍경 · 2

"덥다! 덥다!" 몇 번을 말해도 모자랄 만큼 덥다. 매해 겪는 여름인데 더위에 대한 면역은 생기지 않는지 더워서 못 견디겠다는 말을 땀방울처럼 쏟아내고 있다. 하긴 지구온난화 현상으로 올해가 더 더운지도 모르겠다.

친구가 카톡으로 눈이 펄펄 내리는 사진을 보내주었다. 여름 속에서 겨울 풍경을 보면서 눈(眼)이라도 시원해지라는 뜻인가 보다. 하긴 지난겨울 혹한 속에서는 그래도 여름이 낫지 않을까 하고 기다렸었다. 그러나 폭염경보까지 내린 이 여름을 보내면서 그래도 겨울이 낫지 않을까, 하면서 생각을 뒤집고 있는 중이다.

선풍기를 돌리고 에어컨을 켜고, 거실 한가운데 네 활개를 펴고 자는 쫑이 곁에 나도 누워버렸다. 더위 탓이라고 게으름을 부리면서 슬슬 지나간 여름이나 불러보는 게 어떨까.

어머니의 눈모시 여덟 폭치마, 깨끼적삼이 휘익 스쳐지나간다. 복(伏)이 들기 전에 풀을 먹이고 밟아 주름을 펴고 또 거풍시키고 올을 세워 가면서 다림질하여 마련한 옷이다. 꼿꼿이 풀이 선 어머니의 모시옷은 흡사 선녀의 날개옷처럼 눈부셨다. 내 기억의 셔터가 잡고 놓치지 않은 어머니의 자태는 매해 여름이면 흘러간 명화처럼 재상영된다.

모시옷이 어머니의 나들이 옷이었다면 안동포나 굵은 베로 만든 아버지의 고의(袴衣)와 적삼은 시원한 평상복이었다. 대청마루에 화문석 깔고 죽부인을 안고 누워 잠을 청하면 웬만한 더위쯤 그 기세가 수그러들지 않았을까. 대나무로 된 등토시나 팔토시까지 두르고 합죽선 쉬엄쉬엄 흔들면 그야말로 신선이 따로 없을 터. 그나저나 여름 한 철이면 그 신선들의 우의(羽衣) 위하여 여인네들이 풀을 끓이고 무명 주머니에 넣어 주물러대고 숯불 피워 다름이질 하면서 좀 땀을 흘렸을까.

뿐인가. 하루도 못가서 시어 꼬부라지는 김치 때문에 매일 김치 담가서 찬물에 채워놓고 또 호박나물, 가지나물, 부침개… 식솔들을 위해서 반찬 해대는 아낙네는 또 얼마나 힘들었을까.

하루에도 몇 번씩 멱이라도 감지 않으면 못 견딜 더위인데, 계곡에서 발을 담그고 앉아 풍월을 읊어 보는 선비들의 모습도 그려본다. 체통을 중요시한 양반이니 덥다고 마음대로 옷을 벗고 물속에 뛰어들 수 없었으리라. 그래서 생각해낸 방법이 한밤 계곡 물놀이다. 조선 후기 실학자 다산 정약용이 쓴 「다산시문집」을 보면 '달 밝은 밤에 발 씻기'가 대표적인 피서 방법으로 등장한다. 그런데 왜 많은 신체 부위 중 발을 씻을까? 그건 발이 온도 변화에 민감해서 찬물에 발만 적셔도 몸 전체가 시원해지기 때문이다. 이와 함께 발을 씻는다는 뜻의 '탁족(濯足)'은 세속에 얽매이지 않고 자연에 순응하며 살겠다는 인격 수양의 의미도 있다고 한다. 반면 아무리 더워도 쉴 수가 없었던 농민들은 일을 마치고 집에 등목으로 더위를 식힐 수밖에.

지나간 여름을 더듬다 보니 창밖에 소나기가 쏟아진다. 달아올랐던 가슴을 시원하게 식혀주는 청량한 물줄기는 여름이 아니면 만날 수 없는 반가운 손님이다. 축 늘어진 나뭇잎들이나 등판이 달궈진 아스팔트길도 금세 생기를 되찾는 듯하다.

곁에 있던 쫑이가 기지개를 쭈욱 펴더니 몸을 뒤집어 벌러덩 드러누운 자세로 다시 잠을 청한다. 말복이 낼 모래인데 체중이 만만치 않은 견공 주제에 저리 편안해도 되는 건가? 이런 나의 생각을 아는지 쫑이가 언제적 이야기를 하느냐고 눈을 흘긴다. 물론 지금도 아주 사라진 풍습은 아니지만 우리 쫑이처럼 10년 넘게 모셔놓고 애지중지 위하는 견공들이 많은 세상이니, 그도 격세지감이다. 냉장고 문을 열어 얼음물을 꺼내 마시고 쫑이 물그릇에도 부어주었다.

활짝 열어도 답답하기만 했던 창문이 휑하니 넓어지고, 반쯤 닫아도 넓게만 보이는 시간 속으로 산득거리는 바람이 들어서면 올 여름도 막을 내리리라. 그리고 물살 흐르듯이 계절이 흐르면, 그 옛날의 여름을 이야기하듯이 이 여름을 다시 그리워할 것이다. 지나간 풍경은 모두 가슴에 크고 작은 물결무늬로 남을 테니.

잔치국수

냉장고 아래 서랍을 정리하다가 포장을 뜯지도 않은 국수 뭉치를 발견했다. 언제 사다 놓았는지 기억도 없으니… 갑자기 잔치국수가 먹고 싶어진다. 넓적한 대접에 담긴 소면똬리에 멸치와 다시마로 국물을 내어 말아낸 모양이 눈앞에 그려진다. 채 썬 김이나 계란지단 같은 고명이 올라가기도 했는데. 난 국수를 꽤 좋아하는 편이지만 만드는 과정이 번거로워서 자주 해먹지 못한다. 아마도 국수장국을 해먹겠다고 사온 모양인데 실천에 옮기지는 못했나 보다. 다행히 유통기한을 넘기지 않은 탓에 큰맘 먹고 국수를 삶기 위해 냄비를 꺼냈다. 국수는 경직되었던 몸을 풀기 위해서 끓어오를 때 두 번쯤 찬물을 부어주어야 한다. 뜨거운 열기 속에서 찬 기운을 몸 안으로 받아들이는 것은 내실을 다지는 일이다. 넘치지도 않고 면발이 쫄깃해진다. 국수를 삶고 멸치와 다시마를 넣고 우려내어 국물을 만들고 부산을 떨어 겨우 한 그릇을 완성했다. 물론 예전에 먹던 맛에 미치지는 못 하지만 국물 맛도 먹을 만하고 고명으로 송송 썰어 올려준 김치도 꽤 맛있다.

후륵후륵 소리까지 내면서 먹다보니 문득 눈앞에 어느 잔치 풍경이 그려진다. 초등학교 1학년이나 2학년 무렵이었던가. 어머니를 따라서 먼 친척집 결혼식에 갔다. 털모자에 털목도리로 무장을 해도 몹시 추웠다. 식을 올리는 시골 작은 교회는 의자도 없다. 마룻바닥은 발이 시릴 정도로 차가웠고 많지 않은 축하객들의 입김은 새파란 공기 속에서 하얗게 흩어졌다. 결혼식을 올리는 색시는 부모님이 일찍 돌아가셔서 큰오빠 손에 자랐다. 같은 또래인 조카와 함께 컸지만 처지가 달라서인지 늘 풀이 죽어 보였다.

풍금 소리에 맞춰서 하얀 한복을 입은 신부가 들어왔다. 얇은 한복을 입은 신부는 추위에 몸이 조그맣게 오그라들어 있는 것 같이 보였고 가뜩이나 체구가 작은 신랑도 몸을 움츠려서 더 작고 초라해 보였다. 하객들도 모두 춥다고 했다. 왜 이렇게 추울 때 식을 올리는지 이유를 모르겠다고 수군거렸다. 그러나 식이 끝나고 신부 집에서 차린 음식상은 푸짐했다고 기억한다. 추위에 몸을 떨고 들어온 사람들이 김이 나는 뜨거운 국수장국을 맛있게 먹었다. 고명에는 고기도 볶아서 잘게 부스러뜨려서 올렸고 흰색과 황색으로 가른 달걀지단도

색스럽게 올라앉아 있었다. 오라범댁이 귀찮은 시누이를 빨리 치워버리려고 했다는 말도 있었는데, 자신이 해줄 수 있는 마지막 도리인 듯 선심을 쓰는 표정이 역력했다. 나는 평소에 집밖을 나서면 음식을 잘 안 먹는 편이었는데 그날 국수는 참 잘 먹었다. 배가 고파서인지, 너무 추워서 따뜻한 음식이 무작정 좋았는지도 모른다.

그 후 그날처럼 맛있지도 않고 잘 먹지도 않았지만 결혼식에만 가면 국수장국을 먹었다. 난 그 이유가 궁금했다. 혼기를 놓친 이들에게도 "언제 국수 먹여 줄 거야?" 하며 다그치는 질문 역시 의아했다.

세월을 거슬러 고려시대에는 비싸고 귀한 밀가루 때문에 서민들은 성례 때가 아니면 국수를 구경하기 힘들었다고 한다. 서민들에게 국수는 그야말로 누가 혼례를 올려야 맛볼 수 있는 음식이었단다. 이 같은 관습이 이어져 오늘날에도 결혼식에 국수를 먹게 된 듯하다. 결혼식 날에 국수를 먹는 또 한 가지 이유가 있는데, 바로 국수가 장수를 기원한다는 의미를 담고 있기 때문이란다. 평균수명이 짧았던 옛날, 국수틀에서 길게 내려오는 국수발처럼 함께 오래 살길 기원해주는 마음을 담아 먹었다고 한다. 국수 한 그릇에 이같은 시대적 배경이 담겨있다는 이야기도, 결혼식 날 국수를 먹는 여러 이유 중 하나도 이처럼 비싸고 귀한 음식이었기 때문이라는 사실도 훗날 알게 되었다.

그러면 언제부터 잔치국수가 서민음식으로 자리 잡게 됐을까. 그 배경에는 부산 구포(龜浦) 5일장이 있다고 한다. 한국전쟁 후 부산 미국에서 구호물자로 보낸 밀가루가 쏟아져 들어왔는데 이로 인해 구포 인근에 이 밀가루를 면으로 뽑아내는 제면소가 많이 들어서기도 했다. 자연히 값이 싸고 이를 원재료로 하는 국수 역시 가격이 내려가면서 점차 서민음식으로 자리매김한 것이다. 부족한 쌀 대신에 분식을 장려하던 정책과도 맞았기 때문이 아닐까.

내가 어린 시절만 해도 동네마다 국수 만드는 집이 있어서 갓 뽑아낸 국수를 빨래처럼 널어 말리는 가게들이 즐비했다. 가위로 중간을 툭 잘라서 신문지에 둘둘 말아 팔았다. 쌀이 모자랄 때 끼니 대신 국수로 때우던 이들은 국수가 지긋지긋하다고도 했다. 그러나 그마저도 이제는 옛날이 되었다.

'맛있다. 내 솜씨도 괜찮은데….' 모처럼 스스로 만든 음식에 만족하여 흥얼흥얼 노래까지 부른다. 오늘 점심으로 인해 내 마음이 잔칫날처럼 즐거우니, 국수 한 그릇이 주는 행복이 만만치 않은 듯싶다.

어느 봄날, 시간의 담을 넘어

어젯밤 꿈속에서 유년의 너를 만났어. 넌 방금 풀숲을 헤치고 온 바람처럼 신선했지. 양 갈래 머리를 땋고 맑고 커다란 눈망울로 환한 미소를 짓더라. 그러더니 내 손을 덥석 잡는 거야. 물론 뿌리 칠 수가 없었지. 우린 낯익은 골목 사이를 뛰어다녔어. 숨이 차서 헉헉거리다가 깨어난 아침, 결심했지. 오늘은 꼭 너를 만나러 가야겠다고.

전철을 몇 번이나 갈아타고 충정로를 찾아가는 길이야. 마침 충정로역 승강장에 내리니 '엘리베이터 점검중'이라는 푯말이 나를 당황하게 했어. 내 차는 계단이나 에스컬레이터를 올라갈 수가 없는데…. 나를 가로막는 이 우연치 않은 사고는 어쩐 일인가. 그러나 멈출 수 없다는 강한 의지 탓인가, 엘리베이터가 거짓말처럼 움직이기 시작했어. 승무원이 점검중이라는 푯말을 거두어 가는 동안 잠시의 당황을 접고 서둘러 땅 위로 올라섰지.

아, 네가 저만치 꿈속에서 본 것처럼 환하게 웃으며 마중 나와 있었어. 난 설레는 가슴을 쓸어내리면서 약속이나 한 듯 너와 손을 잡고 사방을 둘러보았어. 넌 두더지처럼 땅 속을 달려왔다는 내가 신기한 표정이야. 손에 든 스마트폰도 만져보면서 고개를 갸웃거리기에, 위대한 시간은 꿈을 현실로 바꿔 놓을 수도 있다고 했어. 땅 속으로 달리는 전동차나 손에 들고 다니는 전화, 우리의 상상 속 이야기 아니었니. 너는 놀라면서도 고개를 끄떡이더라. 나는 너의 푸른 옷자락에 남아있는 기억들을 따라 가기 시작했어.

서울에서 몇 번째로 지어졌다는 아파트는 아무리 둘러보아도 보이지 않고, 엄마가 아기 때 나를 업고 다녔다던 소아과 병원도 찾을 수가 없어. 북아현동으로 올라가는 길은 예전과 다름이 없으련만, 이제는 전처럼 넓지도 가파르지도 않아보였어. 인창고등학교 앞 아까시나무가 무성했던 공터도 간 곳이 없네. 그 그늘에 노인들이 앉아 쉬었고 가끔 나도 아버지 심부름으로 우체국 뒷길로 가다가 약장수 구경을 하느라 멈춰 서곤 했던 곳인데.

골목은 거리와 거리를 이어주는 작은 단위지. 짧은 기억과 긴 기억을 이어주기도 하고. 오래된 시간을 들추어내며 이 골목 저 골목을 기웃거리다가 드디어 우리 집 골목으로 들어섰어. 골목 안쪽으로 들어서 마주 뵈는 오른편에 철제대문 집이 바로 내가 태어난 집이야. 이제는 길도 좁아지고 대궐 같아보이던 집도 아주 작아져서 분간을 할 수가 없어서 두리번거렸지만, 자세히 살펴보니 왼쪽의 환이라는 남자 아이가 살던 붉은 벽돌집도 그 위로 이층에 발코니가 있던 미라네 집도 모두 시간의 두께를 간직한 채 그대로였어. 아, 가슴이 두근거리기 시작했지.

그 골목에서 '무궁화 꽃이 피었습니다'를 외치며 노는 아이들을 찾았어. 고무줄놀이를 하던 이웃집 분이는 어디로 갔는지. 숨바꼭질을 하는 아이들이 술래인 나만 남겨놓고 숨어버린 것처럼 텅 빈 골목만 잠자는 듯 조용했지. 지금은 이전과 다른 회색 철제 대문 앞에 가서 벨을 눌러보았지만 인기척이 없어서 담장 너머로 뜰 안을 한참이나 기웃거렸지. 꼭 다시 와서 보겠다고 약속했던 대문 안쪽에 은행나무는 간곳이 없어. 언제 잘려져서 재목이 되었는지? 아님, 장작으로 사라져 버렸는지? 끝까지 지켜주지 못한 아픔으로 가슴이 한참 먹먹해지는 거야. 내가 고교 시절 전신마비로 쓰러지고 아버지 사업의 실패로 제일 어려울 때 떠나온 집이라, 돈을 많이 벌면 꼭 다시 사서 이사 오겠다고 몇 번이나 다짐했었는데….

아쉬움으로 돌아서다가 뒤돌아보니 네가 초록 대문을 활짝 열고 손짓을 하네. 어느새 시간의 담을 넘었던 거야? 난 한달음에 마당으로 들어섰어. 서툰 걸음마로 뒤뚱뒤뚱 마당을 오가는 아기의 해말간 얼굴 위엔 봄이 한창이고. 빨간 가방을 메고 늦을세라 현관문을 뛰어나오는 아이의 어깨 위에 얹힌 시간이 아이보다 앞서 달려가네. 부지런히 마당을 비질하는 아버지. 햇살 쨍한 안방 창가에는 오빠, 언니들의 웃음소리가 쏟아져 나오고 은행 나뭇가지에 매어둔 빈 그네가 바람에 흔들리네. 조카와 사방치기 하던 마당엔 여전히 그려진 빈칸들이 선명하고, 뒤뜰 장독대에서는 고추장을 담그는 어머니 손길이 분주했지. 난 한참을 쪼그리고 앉아 엄마의 일을 참견하다가 삐걱거리는 목조 계단을 딛고 이층으로 올라갔어. 새롭게 돋아난 연둣빛 은행잎이 별처럼 날아다니는 하늘이 눈부셨지.

수많은 길을 헤매다가 찾아낸 내 유년과 이어진 골목, 그 골목을 나서면서 몇 번이나 뒤돌아보았지. 손을 흔들며 배웅하는 너의 눈가가 진달래처럼 붉더라. 나도 눈가를 훔치며 중얼거렸어.

'내가 만난 수많은 봄날 중, 너와 함께했던 시간들이 제일 아름다웠어.'

그때 그 집

가끔 1호선 전철을 타고 서울로 나가다 보면 영등포역을 지나 대방역을 지난다. 대방역에서 전동차 문이 열리고 승객들이 분주하게 들어서는 틈 사이로 아득한 시간의 문이 열리고 그 문 사이로 빛바랜 기억들이 주춤 한 발을 밀어 넣는다.

태어나고 자라난 서대문 집을 팔고 대방동으로 이사하던 날은, 바람은 아직 차가웠지만 개나리꽃이 봉긋이 꽃망울을 터트리는 봄날이었다. 그때 난 지난해 전신마비라는 갑작스러운 질병으로 몸을 잘 움직이지도 못하는 처지였다. 아버지는 나를 짐처럼 등에 업고 차에 태웠다. 아버지에게는 현실의 어려움과 함께 결코 가볍지 않은 존재였으리라. 나는 내 잘못이나 된 듯이 몸을 조그맣게 움츠려서라도 그 무게를 덜어드리고 싶었다.

이삿짐 차가 한강을 건너가는 동안 도와주러 오신 교회 집사님이 "저 강물에 병 같은 거 다 던져버리고 펄떡 일어서서 걸어 다녀라. 알았지!" 하며 등을 두드려준 기억도 난다.

대방동으로 집을 정한 건 순전히 아버지의 선택이다. 적은 비용으로 많은 식솔들을 거느리고 살만한 마땅한 집을 찾기가 쉽지 않았으리라. 그러나 이미 우리 가족에게 정해진 운명은 아니었을까 하는 생각이 든다. 어려서 나는 언니들이 "너 어디로 시집갈래?" 하고 물으면 영락없이 "영등포!"라고 했단다. 어린 나에게 영등포는 강 건너에 있는 낯설고 멋진 지역이었다. 사실 왜 하필이면 영등포라고 대답을 했는지 나도 모른다. 그래서 영등포구 대방동으로 이사를 오면서 언니들이 그 이야기를 꺼냈다.

"그래 결국은 영등포 근처로 왔네."

당시 대방동에는 공분본부, 해군본부, 공군사관학교까지 있었고, 우리 집 앞엔 공군 시설대가 있었다. 새로 이사 한 곳은 집장수가 허술하게 지은 집이라 외풍이 심했다. 겨울이면 창문틈으로 찬바람이 휭휭 거려서 감기를 달고 살았다. 그뿐인가 포장이 되어있지 않은 도로변이라 빨래를 널 수 없을 만큼 흙먼지가 일었다. 각장장판에 콩기름을 발라 아른거리던 서대문 집 안방과 달리 윗목에 불길이 가지 않아 자꾸 썩는 방에 처음으로 비닐장판을 깔았다. 그래도 아버지는 축대 위의 집이라

앞이 탁 트였고 양지가 바르다고 거듭 말씀하셨다. 자신의 사업 실패가 원인이 되어 어쩔 수없이 이사 온 곳이지만 나름대로 새로운 주거지를 잘 골랐다고 변명하고 싶었으리라.

그 집으로 이사 온 첫해 봄을 잊을 수가 없다. 학교는 휴학을 했고 내 시간은 고장난 시계처럼 정지되었다. 난 창가로 내 침상을 옮겨 달라고 부탁했다. 그곳에서 반나절은 누워있었고 반나절은 벽면에 몸을 기대어 책을 보거나 군부대를 내려다보았다. 넓은 마당엔 트럭이며 군인들이 분주히 오갔다. 가끔은 그들도 눈길을 돌려 창가에 우두커니 앉아 있는 나를 올려다보는 듯했다. 봄날의 하루는 잡아 늘린 시간표처럼 지루하고 길었다. 시간의 걸음은 숙제하기 싫은 아이처럼 게으름을 피웠고, 나는 그 시간을 채찍질해서라도 달려가게 만들고 싶었다.

집 뒤는 야트막한 산언덕이었는데, 한 번도 그곳을 가 본 적은 없다. 나무들이 제법 무성하였기에 작은오빠가 어린 소나무를 베어다 성탄트리를 만들라고 가져다준 적이 있다. 아버지는 '쟈니'라는 검은 털에 귀가 긴 개를 데리고 산책을 하기도 했는데, 소나무가 우거진 그 뒷길은 또 다른 동네로 가는 길목이라고 들려줬다. 난 아버지와 오빠가 들려주는 이야기와 생각만으로 그 길을, 그 너머 다른 동네까지도 걸어갔다 오곤 했다. 그리고 밤이면, 학교소풍 갔다 온 날의 뻐근했던 다리통증을 사무치게 그리워하면서 잠들곤 했다.

그러나 오래 누워만 있을 수는 없었다. 다시 서기 위해서 이를 악물고 운동을 시작했다. 멈춰진 시간들을 깨워보려는 노력으로 조금씩 회복이 되었고 간신히 창틀을 잡고 일어서서 밖을 내려다보았다. 마당엔 어느 노인이 팔고 갔다는, 영 구실을 할 수 없을 것 같은 앙상한 포도 묘목이 제법 무성하게 줄기를 뻗어 올리고 있었다. 어머니가 창문 아래 심은 색색의 백일홍이 백일 동안이나 피고 졌다. 담장 아래 길로는 흙먼지를 일으키며 차들이 오고갔다. 더러는 머리에 야채를 잔뜩 이고 가는 할머니나 손수레를 밀고 가는 아저씨들도 지나갔다. 그 길로 쭉 가다보면 관악산으로 가는 길이라고 했다. 수영장이 있다고도 했다. 가벼운 옷차림의 아이들과 엄마가 놀러 가는 모습도 보였다.

잃어버렸다가 다시 찾은 것들이라서인지, 아주 사소해서 그저 지나쳤던 일상들이 하나하나가 새롭고 감사해서 보는 것만으로도 눈물이 났다. 난 두 번의 유아기를 걸친 셈이다. 아기 때 기다가 비틀거리면서 붙잡고 서고, 또 한 걸음씩 발걸음을 떼어놓는 순서를 그대로 되풀이 했다. 얼마 만인가. 다시 서서 바라다 본 창밖 풍경, 그날의 감격을 잊을 수가 없다.

스르르 전동차 문이 닫힌다. 가장 빛나고 아름다웠던 시절을 병상에서 보냈던 그때 그 집, 두 번째 유아기를 보낸 대방동 집이 멀어진다. 내일이 보이지 않았던 창가에서, 갈 수 없는 그 길 저 너머를 그리워했던 나의 모습을 뒤돌아본다. 젖은 눈썹에 달린 기억이 툭툭 몸을 턴다. 차는 덜컹덜컹 소리를 내면서 다음 역을 향해 달려가고 있다.

무게

점심 식사 후에 책을 보기 위해 의자에 쿠션을 대고 다리를 쭉 뻗고 앉았다. 우리 집 퍼그종 개, 쫑아는 9㎏이나 되는 만만치 않는 체중을 지녔다. 그런 쫑아가 이런 나의 자세를 기다리기나 했던 것처럼 한숨에 달려오더니 저도 내 다리에 몸을 얹고 다리를 쭉 뻗고 엎드린다. 나를 믿고 의지하는 쫑아의 무게가 내게로 전해지면서 아, 그 따스한 감촉과 싫지 않은 무게로 인해 행복이 스멀스멀 기어가는 묘한 쾌감을 느꼈다.

아버지가 약주를 한 잔 하시면 우리 형제들을 모아놓고 늘 하시는 말씀이 있었다. 6·25동란 때 식량을 구하기 어려운 처지라 자식들 충분히 먹이지 못했다. 큰언니는 호박 썩둑썩

둑 썰어 넣고 끓인 멀건 죽이 너무 싫었다고 지금도 고개를 젓는다. 그런 처지이니 남에게 구차스러운 부탁이나 궁색한 모습 보이지 않는 아버지시지만 용기를 내어, 농사짓던 천호동 밖 큰고모네로 가셨다. 자루에 쌀을 담아주는데 자식들을 위해서 한 톨이라도 더 얻어오려고 "한 됫박만 더, 한 됫박만 더." 하고 사정을 하셨다. 그래서 지고 오기도 힘들 만큼 담아 등에 지고서 나루를 건너고, 폭격이 쏟아지면 몇 번이고 멈추는 전차를 타고 서대문 집까지 어찌어찌 오셨단다.

평소 감당하기 어려운 무게였으나 아이들의 허기진 눈망울이 어른거리는 터라 무거운 줄도 모르겠더라고 하셨다. 지금 생각하니 어찌 그 힘이 솟아났는지 모르겠다고 두고두고 말씀하셨다. 아버지가 지고 온 무게는 단순한 쌀의 무게가 아니었다. 자식들의 생사가 걸린 막중한 무게였다. 애틋한 부정의 무게이기도 했다. 그래서 무거워도 무거운 줄 몰랐었고 힘들다고 내팽개쳐 버릴 수도 없는 거였다.

아버지가 세상 떠나신 지 30년도 더 넘었다. 이제는 그 모습도 아득하기만 한데, 그래도 돌아가시기 얼마 전 텃밭으로 가시기 위해 뒷문을 나서던 모습이 지금도 잊히지 않는다. 평생 가족이라는 무거운 짐을 홀로 지고 가셨던 양쪽 어깨는 축 처지고 허리는 구부정하게 굽으셨다. 하얗게 센 머리칼은 빛바랜 바람결에 힘없이 흔들거렸다.

업고 가는 아이가 자신의 무게를 반쯤은 감당하기에 무거운 줄 모른다는 말이 있다. 철없는 엄마가 업고 가는 아이가 잠이 들면 그 무게를 놓아버리기에 잠들지 말라고 꼬집기도 했다는 이야기를 들은 적이 있다. 아버지의 어깨위에 얹혀진, 우리 오남매에 대한 사랑의 무게로 인해 아버지는 그 반쯤의 무게만큼만 감당하셨다고 자위하셨으리라. 그리고 그 싫지 않은 무게가 자신의 존재 이유였다고, 행복을 가져다준 무게였다고 거듭 말씀하셨으리라. 그러나 그날은 성장한 자식들이 모두 훨훨 날아 가버린 빈 어깨위에 자식들보다 더 무거운 세월만 초췌한 어깨를 누르고 있었다.

사람들이나 풀이나 나무들이 또 짐승들이 모두 땅 위에 발을 딛고 뿌리를 내리고 하늘을 향해 서 있을 수 있는 건, 모두 자신의 무게를 안고 있기 때문이 아닐까. 산은 산만큼, 강은 강만큼, 하늘은 하늘만큼 제 무게를 안고 있기에 자연이 자연답게 존재하는 거라고.

인간이 인간으로서 살아가야할 도리의 무게. 부모로서, 아내나 남편으로서 또는 단체의 책임자나 학생이나 등등 세상에서 지켜야할 자리의 무게가 있다. 풀, 꽃, 나무들에게도 모두 세상에서 싹을 틔우고 꽃을 피워 열매를 맺고 씨앗을 남겨야할 의무의 무게가 얹혀 있다.

지녀야할 무게를 지니지 못한 사람이 있다면, 그는 생의 의미조차 잃어버린 채 붕 떠 있을 거라는 생각이 든다. 만약에 사회인으로서, 가장으로서 의무가 버겁다고 던져버린다면 노숙자가 되어 거리를 헤매고 다닐지도 모른다. 그리고 영원히 거부하는 행위는 삶을 포기하는 것이 아닐까.

내가 지고 가는 짐의 무게를 가늠해본다. 건강하지 못했기에 남들보다 더 많은 무게를 지고 살아왔다고 여겼다. 감당하기 힘들어서 내려놓고 싶기도 했다. 그러나 돌아보니 그 아픔의 무게까지도 내 삶을 이어가는 존재 이유였다. 내가 이처럼 살아갈 수 있는 건 아버지처럼 삶의 의무와 애착의 무게가 평행을 이루고 있기 때문이 아닐까. 물론 가끔은 어느 한쪽으로 기운 무게로 인해 휘청거리기도 하는 게 우리 네 삶이겠지만.

조각보

꽃밭이다. 연지빛, 겨자빛, 군청색… 색색의 꽃들이 크고 적게 무리지어 피어있다. 향기가 조용한 몸짓으로 퍼져나간다.

어느 고풍스러운 카페에 벽걸이처럼 걸어놓은 조각보는 그 화사함으로 봄을 부르고 있다. 때 이른 봄 앞에서 문득 아이적 내 색동저고리를 생각해낸다. 앞섶을 색색의 조각으로 만든 것이다. 삼각형 모양으로 맞대서 모아댔으니 예쁘기는 해도 손이 많이 가는 옷이다. 소매의 색동도 천을 이어댔으니 지금의 색동저고리와는 사뭇 다르다. 아이가 안고 가던 봄이 아른거린다.

추석 때면 갑사, 설날은 비단조각으로 이어 하나의 모양을 만들어 놓으니 바느질하는 분은 또 얼마나 많은 시간과 정성을 쏟았을까. 그러나 그것은 색과 색이 만나 그 조화로움으로 인해 한 장의 천이 갖는 아름다움에 비해 더 큰 아름다움을 만들어 주었다. 색동옷을 입고 성묘도 가고, 세배도 다니던 나는, 그 빛깔만큼이나 행복했던 시간 속에 여전히 머물고 있으니 말이다.

중학교 1학년 때쯤인가. 어머니가 바느질하고 남은 자투리 천을 얻어서 내 상자에 모아두곤 했다. 바느질을 잘 할리도 없고 그저 색색의 천이 고와서 모아둘 뿐이었다. 그러다 어느 날 어린 시절 색동저고리 모음이 좋아보였던지 나도 천을 모아 꿰매고 싶어졌다.

시침질이나 박음질 등 어깨너머로 어머니의 바느질하는 것이나 언니들의 수놓는 것을 보아온 터라 서툴지만 조각천을 모아보았다. 그리 큰 크기도 아니었고 바느질이 정교하지도 않았지만 각각 다른 색의 천들이 이어져 '하나가 되었다'라는 사실이 뿌듯해서 스스로 대견했다. 물론 어머니나 언니들에게 칭찬도 들었다.

조선조의 여성들이 어려서부터 이 조각보를 가지고 어머니로부터 훈련을 받았다고 한다. 시침질이나 감침질, 공그르기 등 다양한 바느질법을 가지고 나름대로 조각보를 만든다. 이렇게 몇 년을 연습하다 보면 나중에는 사용되는 자투리천의 색깔이나 면적의 비례를 맞추어 멋진 조각보를 만들게 된다고 하는데, 나는 특별히 훈련을 받은 것도 아니고 그저 재미있어서 조금 흉내를 낸 정도였다.

그 후 한 면은 수를 놓고 한 면은 천을 대서 아기 조각 이불도 만들었고, 못 입는 옷들이나 넥타이를 같은 크기로 잘라내어 방석을 만들기도 했다. 색색의 털실을 네모나게 뜨개질해서 조각이불을 만들기로 했다. 같은 계열의 색을 모으기도 했고 전혀 다른 색의 배합을 하기도 했다. 그 나름대로 조화로웠고 보기 좋았다.

오늘 본 조각보는 색도 곱고 크고 작게 배색도 너무 잘 어우러져 예술작품 같다. 이렇게 고운 조각보는 예단이나 혼수품을 싸서 보낼 수도 있고, 귀한 물건을 싸서 집에 보관할 수도 있을 텐데, 하며 유심히 보았다. 그런가 하면 밥상을 덮는 상보도 될 수 있겠다. 새색시는 정성스럽게 준비한 신랑의 밥상에 꽃빛 가득한 조각 상보를 덮어놓는다. 그 아름다움이 상보 안에 정성스럽게 준비한 음식만큼 설렜으리라.

그런데 예전에는 이런 실용 뒤에 복을 받고 싶은 마음이 컸다고 한다. 작은 천조각 하나라도 허술하게 버리지 않는 마음과 한 뜸 한 뜸 정성으로 만들면서 간절히 복을 빌기도 했으니까. 혼수품을 싸는 보자기에는 딸이 곱고 복되게 살기를 바라는 친정어머니의 마음이 모아져 있을 것이다. 우리 어머니도 내가 예쁘고 행복하게 자라기를 바라면서 색동저고리 섶에 색색의 조각을 모아주셨을 터이다. 나는 무엇을 바라면서 서툰 솜씨로 조각보를 정성스레 모았을까.

그때는 내 하루하루가 저렇게 고운 빛깔로만 이어졌으면

하고 바랐으리라. 그러나 나의 삶은 화창하고 밝은 빛으로만 채워지지 못했다. 남들보다 더 많은 눈물을 쏟아야했고, 먹구름 하늘 덮은 듯 어두운 날도 많았다. 하지만 눈물 나는 날은 맑은 청빛, 웃음 가득한 날은 꽃빛으로, 지독히 아팠던 날도 돌아보면 나만의 빛깔로 내 삶의 한 조각으로 모아졌다.

강물은 흐르는 것이 아니라 이음이라는 어느 작가의 말처럼, 세월은 그저 흐르는 것이 아니라 하루하루 이어가는 것이다. 기쁨은 슬픔의 배색으로, 슬픔은 기쁨의 배색으로 그렇게 나만의 조각보를 만들면서. 먼 훗날 누군가의 가슴을 울릴 수 있는 가장 멋진 작품이 되기를 바라면서이다.

행복한 빨래

묵은 세월 표백하는
해맑은 눈빛처럼
회색빛 하늘 씻어내는
빗줄기처럼
긴 겨울 맨발로 밟고 가는
하얀 물줄기처럼
어제를 두들겨 삶아내는
포기할 수 없는 오늘처럼
솟구치는 내 눈물샘을
헹구어주는 그대
모두 바지랑대 위에서
눈부시게 펄럭입니다.

- 졸시 「빨래하는 날」 -

지난해 가을여행 중에 어느 바닷가 마을을 지나칠 때다. 바다를 바라보는 마당 한가운데 장대를 세워 만든 빨랫줄을 보았다. 올망졸망 작은 아이들 옷과 양말이 즐비하게 걸렸고 국방색 작업복과 꽃무늬 치마도 나풀거렸다. 뿐인가 여자의 속옷도 부끄럼 없는 낯빛으로 햇살을 안고 당당해 보였다. 빨래를 보면 그 집안 식구들을 가늠할 수 있지 않나. 자라나는 아이들이 둘쯤 있는 젊은 엄마, 아빠가 함께 사는 집일 거라는 생각이 들었다. 나는 왠지 그 풍경이 신기하고 반가웠다. 오래전 유년을 보낸 마당 넓은 집이 떠오르고, 그 마당 가득 펄럭이던 내 작은 옷이며 식구들의 옷이 한꺼번에 손짓을 하면서 다가서는 것 같았다.

빨래를 하는 일은 옷의 더러움을 덜어내는 일이다. 하루하루 지낸 일상의 흔적을 지우는 일이기도 하다. 물에 담가서 불리고 비누칠을 하고 방망이로 두들기고 심한 더러움은 푹푹 삶아낸다. 빨래들이 다시 새로운 시작을 위해 잠시 아픔을 참는 일일 터이다. 진리를 찾아가는 수도자들의 고행의 과정이라고나 할까. 그런 후에 비눗기를 깨끗한 물에 헹구는 일이 남았다. 여러 번 헹구고 물기를 꼭 짜고 탁탁 털어내서 줄에 널어놓으면 "휴!" 하며 빨래도 빨래하는 이도 긴 숨을 내쉰다.

마당 가득 빨래가 긴 아픔과 어려움을 이겨낸 여유로운 모습으로 펄럭인다. 다시 주인을 만나 살을 부비고 새로운 일상을 만들어갈 기대로 잔뜩 부풀어 있다. 저녁나절에 거둬들이는 빨래엔 아직 남아있는 햇살 냄새가 신선하다. 버석거리는 몸을 부딪치며 웃음이 가득하다.

그런데 언제부터인가 편리함을 내세운 기계문명으로 빨래는 그런 행복을 잃어버렸다. 우악스러운 세탁기 속에서 독한 세제와 함께 한참을 돌다보니 빨래들은 아찔한 현기증에 정신이 없다. 뿐인가 탈수 코스를 밟으면 그야말로 온몸을 쥐어짜는 고통에 숨을 쉴 수도 없다. 아. 그러나 고통은 거기서 끝나지 않는다. 건조기능을 갖춘 세탁기들이 등장하면서 그나마 베란다에서 짧은 햇살과의 만남도 누릴 수 없게 되었다. 뜨거운 열기로 몸을 말리는 과정을 상상해 보시라. 그야말로 죽지 못해 견디는 일이다. 옷이 빨리 망가지는 흠이 있지만, 주인들은 살균 소독으로 위생상도 좋고 옷이야 입을 만큼 입다가 새로 사면된다고 아까워하지도 않는 눈치다. 궂은 날 빨래 말리는 걱정도 덜었다고 희희낙락이다.

저 만치 장대 위에 빨래들이 시퍼런 바닷바람에, 금세 바다를 벗어난 물고기처럼 펄떡거린다. 쨍쨍한 햇살에 축축한 물기는 새처럼 훨훨 날아간다. 두런두런 이야기 소리가 들려오는 듯도 하다.

"우린 행복해 그지!"

"그럼, 요즘 세상에 우리 같이 팔자 좋은 빨래들 있으면 나와 보라 그래!"

"편리하다는 건 꼭 좋은 일만은 아냐."

빨래들의 이야기를 들으면서 내 몸이 빨래라도 된 듯이 바람을 한껏 마셨다. 햇살이 습기 찬 가슴 언저리를 말려주고 있다. 가끔은 나도 저렇게 행복한 빨래가 되어 보는 거다.

꽃이 피었다

꽃이 피었다

여름을 보낸 나뭇잎들이 바스락거리기 시작했다. 시간은 푸른 물기를 빼앗아 어제 속으로 던져버렸다. 나무들의 한해살이가 마침표를 향해 가고 있는 것이다.

나는 언제나처럼 가을 앓이를 했다. 뜨거운 계절 속에 달궈졌던 가슴이 어디 그리 쉽게 식어버릴 수 있겠는가. 채 식지 못한 가슴 속에서는 아직 그를 보내지 못했는데, 이별은 차가운 손길을 잡으란다.

그러나 차마 잡지도 못하고 머뭇거리고 있는데, 뭔가 강한 물체에 얻어맞은 듯이 옆구리가 아파왔다. 밤이면 누군가가 내 몸 속의 줄을 잡았다 놨다 튕기면서 빠른 걸음으로 오르내리는 것 같았다. 잠시 그 누군가가 쉬는 짬에 한숨 눈을 붙이려들면 다시 늦추어진 빨랫줄을 팽팽하게 당기는 탓에 온몸에 소름이 끼쳤다. 나는 그 떨림을 안고 잠을 이루지 못했다. 몸 어느 부분에 아주 큰 병이 든 건 아닌지?

나는 통증보다 더 큰 의심과 염려로 지쳐버렸다. 그러나 의사는 신경이 예민하다면서 나름 나의 증상을 신경성으로 몰고 가는 듯했다. 그러나 며칠 후 무수히 돋아난 띠 모양의 열꽃을 보고 그제야 '대상포진'이라는 확실한 진단을 내려주었다.

봄 산이 겨울과 봄 사이에서 호된 몸살을 앓다가 골짜기마다 열꽃을 피우듯이 아, 사람 몸에도 꽃이 피는구나. 한 송이 국화꽃을 피우느라 부산했던 긴 계절처럼 나는 얼마나 그 열꽃을 피우기 위해서 분주했고 또 많이 힘든 시간을 보냈나. 독하게 방어막을 치고 강하게 버티고 살아 왔던 시간들이 허물어지면서 그 사이로 꽃은 꽃인데 이토록 잔인한 꽃씨가 뿌려지다니. 향기롭지도 곱지도 않은 꽃을 피우느라 많이 아팠을 나를 애처롭게 돌아보았다.

그래도 다행이야. 밖으로 열꽃을 피우지 못했다면 난 그 열기를 안고 더 많이 힘들었을 텐데. 감춰진 통증의 무게를 붉은 꽃으로 뿜어내는 새로운 경험을 하면서, 나도 '봄산을 닮았나 보다'라고 위로를 건넨다.

그렇게 얼마 동안 약을 바르고 먹고 쉬면서 내 몸에 핀 꽃을 감상하느라 분주했다. 그러나 시간이 가면 꽃은 지고 꽃 진 자리엔 열매가 달리듯이 열꽃 자국을 뚜렷이 남겼다. 세월이 흐르면 자국은 흐려져 흔적도 없어지겠지만 그 아픔의 기억은 오랫동안 내 곁에 머물리라.

'친구야 너는 아니, 꽃이 필 때 꽃이 질 때 사실은 참 아픈 거래.'

이해인 수녀님의 시가 생각난다. 아프지 않고 피는 꽃이 또 어디 있으랴.

비로소 아름다워지는 것

요즘 베란다에 부양가족이 하나씩 늘고 있습니다. 어려운 세상에 왜 부양가족을 늘리느냐고 하시겠지만, 군자란은 새끼를 쳐서 포기를 나누어 심어주었죠. 문우 한 분이 공작선인장을 주셨습니다. 친구에게서 부겐베리아와 문주란도 얻어왔습니다. 그러니 늘어나는 꽃식구들을 위해 화분이며 받침 등을 장만하고 관리하는 일이 쉽지 않습니다.

이런저런 궁리 끝에 사용하지 않는 작은 질시루 2개를 화분으로 용도변경을 했습니다. 사실 한쪽 귀퉁이가 좀 깨어져서 버릴까 했습니다. 그러나 질시루가 지닌 매끄럽지 않고 거만해 보이지 않은 소박한 모습이 그냥 버리기에는 아깝더라고요. 청회색의 은은한 빛깔도 마음에 들었거든요. 튼튼하게 몸매를 유지하라고 옷걸이 철사를 펴서 몸 둘레를 한 바퀴 감아주었습니다. 또 있습니다. 어머니가 생전에 아끼시던 줄무늬가 투각된 고추장 항아리는 몇 대조 할머니 때부터 쓰시던 건데 고추장을 담그면 신기하게도 맛이 좋다고 하셨지요. 모양새가 약간 불균형을 이룬 것이 예술적이라는 생각이 들어서 나도 좋아했습니다. 그런데 아랫부분이 깨진 틈이 생겼는지 물을 담아보니 줄줄 새더군요. 아까웠습니다. 그러나 이것도 화분으로 사용하면 좋겠다는 생각이 들었습니다. 뿐인가요. 이가 빠진 접시들이 버림을 당할 위기에서 화분받침으로 선택되었습니다.

금간 놋주발이 있습니다. 시퍼런 녹을 지난 세월만큼의 두께로 안고 있습니다. 버리자니 안고 있는 사연이 애처롭고, 그대로 두자니 모양새도 쓰임도 보잘것없어 보입니다. 식탁 한 쪽에 두고 촛대 받침으로 쓰면 어떨까 하는 생각을 했습니다. 당장 전등을 끄고 꽃향기 나는 초에 불을 붙여 주발에 올려놓으니 제법 운치 있어 보입니다. 촛불은 먼 시간 속 어느 아라비안 천막 안의 신비스러움으로 흔들거립니다.

작은 시루나 항아리들은 젊고 건강할 때 살림살이의 한 역할을 맡아서 소중한 존재였으련만, 깨지고 금가고 필요 없는 존재가 되어버렸습니다. 아무도 눈길을 주지도 않고 제 할 일도 잃었다고 슬퍼보였습니다. 그래도 오늘은 한 생명을 품고 키울 수 있음에 감격스러워합니다. 한때의 영광은 잃었지만 화분받침으로 새롭게 선택된 꽃무늬 접시들이 우쭐거립니다. 하긴 물줄기가 흐르고 푸른 줄기가 쑥쑥 자라는 소리를 안고 있으니 새로운 행복감으로 벅찰 것입니다. 금간 놋주발은 어둠을 밝히는 빛을 담고 있으니 더욱 빛나 보입니다.

'broken beauty- 우리는 얼마나 깨어지고 가난해져야 비로소 아름다워지는 것입니까…'라는 시적인 긴 제목을 그대로 전시 주제로 삼은 심정아 작가의 설치작품이 생각납니다. 컵과 그릇들이 온통 깨어지고 그것들을 다시 붙인 설치물들에 새로운 것들을 담아 보여주었습니다. 본래의 기능은 상실했지만 다른 용도로 쓰일 때 새롭고도 특별한 정체성을 가질 수 있다는 것을 보았습니다. 오히려 더 멋스러웠습니다.

나도 한때 건강의 상실로 내 몸이 산산이 부서졌다고 자탄했습니다. 절망도 했습니다. 작은 일상의 그 무엇이라도 담기에 벅찼으니 쓸모없는 존재라며 세상 속으로의 걸음을 두려워했습니다. 몇 겹으로 감싸고 가려도 다 감출 수 없는 아픔으로 인해 한없이 작아진 내 모습이 초라해보였습니다.

그러나 내 정지된 삶 속에서도 시간은 흘렀습니다. 그 시간은 꽁꽁 감싸 안은 마음의 껍질을 서서히 깨뜨렸습니다. 그 안에 도사리고 있는 작은 나를 일으켜 세웠습니다. 주저하는 내게 네가 할 수 있는 일이 참 많다는, 용기를 건네주었습니다. 있는 그대로의 모습을 인정하고 조심스럽게 세상 밖으로 나섰을 때 정말 내 그릇에도 담을 수 있는 것들이 있었습니다. 꿈의 씨앗을 담고 키우듯이 그림을 그렸습니다. 글을 쓰면서 감동이라는 작은 촛불을 켰습니다. 깨어졌기에 더 소중한 이전과 또 다른 내가 되었습니다.

노인 봉양기

모시고 있던 어머니 돌아가신 지가 근 20년 가까이 된다. 돌아가시기 전 해에는 약간의 치매기도 오고 천식이 있으셔서 호흡 발작이 오면 수시로 구급차를 불러야 했기에 몸과 마음이 많이 힘들었다. 그러나 워낙 깔끔하고 성격이 정정하신 분이라 그래도 견딜 만은 했다. 더구나 난 몸이 약하다는 이유로 성인이 되어서까지 어머니의 각별한 보살핌을 받은 자식이 아닌가. 자신이 약해지셔서 어쩔 수 없이 딸에게 의탁하셔야 할 지경에 이르러서도 딸 걱정하느라 노심초사하셨다. 그래서인가 턱없이 짧고 허술하게 어머니를 모셨다는 자책을 할 때가 많았다.

그런 내가 요즘 노인을 모시느라 무척 힘들다. 어머니는 돌아가셨고, 갑자기 어디서 시어머니가 등장한 것도 아닐 테고, 동네 노인을 돌봐 드릴 만큼 몸이 튼튼한 것도 아니니 그 대상이 자못 궁금할 것 같다.

이 노인은 내가 조금이라도 늦게 귀가하면 온 동네가 떠나갈 듯이 소리를 지르면서 야단을 친다. 반찬이 부실하거나 입맛이 없으면 밥상을 거들떠보지도 않고 몇 끼씩 곡기를 끊으니 세상에 이런 시집살이가 없다. 뿐인가 저녁이면 식사 후에 껌을 드리는데, 하나로 만족하지 않고 2개 3개 내놓으라고 소리를 지른다.

이 노인이 가을로 들어서면서부터 부쩍 기력이 떨어졌다. 환절기 탓인가 하여 보약이라도 지어드릴까 걱정을 하고 있는 참에, 온몸에 피부병 증상이 나타났다. 서둘러 병원으로 모시고 갔더니 연세로 인해 면역이 떨어져 온 피부병이라고 했다. 치료기간도 짧지 않을 거고 그 비용도 만만치 않을 거라는 불길한 예감을 안고 나오면서도 겨울바람이 차가운데 입성이 부실한 듯하여 거금을 주고 모피 털이 달린 패딩점퍼 하나를 사서 입혀드렸다.

그러나 이 노인은 내가 얼마나 알뜰히 사는지 또 자신의 의료비로 얼마만큼을 지불해야 하는지 도통 관심도 없다. 이 정도면 뻔뻔 수준인데… 그래도 애처롭기만 하니 이 무슨 조화인지.

약 시간 맞추기, 약물샴푸로 목욕 시켜드리기, 상처 소독하기, 백내장 진행을 지연시키기 위해 눈 약 넣어 드리기 등

행여 소홀히 할세라 최선을 다한다. 그러면서 노인을 모시고 사는 것이 얼마나 힘이 들고 참을성이 그리고 희생이 요구되는지를 절실히 깨닫는다. 그런데 이 노인이 엎친 데 덮친 격으로 며칠 전부터 심상치 않은 기침을 하기 시작했다. 흡사 천식환자이었던 어머니의 증상과 똑같이 한번 기침을 시작하면 발작적으로 쏟아내니 보는 것만으로도 가슴이 미어진다.

그래서 다시 병원으로 급히 모실 수밖에. 검사 없이는 처방을 할 수 없다는 의사의 강력한 권유로 건강검진을 받아야만 했다. 결과는 기관지가 약간 부었고 심장도 약하다고 했다. 체중을 줄이면 증상이 나아질 수도 있다고 했다. 다른 장기에 별 다른 나쁜 증상은 없고 다만 조금씩 약하다는 소견이다. 의사는 언젠가 떠나보낼 날을 위해서 마음의 준비도 해야 한다고 했다. 난 그 말을 듣고 가슴이 펑 뚫린 듯 허전해져 눈물을 펑펑 쏟았다.

이 노인은 큰형부가 돌아가시기 전까지 애지중지 키우던 퍼그종의 개, 쫑이다. 12살이니 사람 나이로 치면 84살 정도나 된 노인이시다. 형부는 돌아가기 전, 병원에 입원 중에도 쫑이가 보고 싶다고, 쫑이 밥 잘 주라고 신신당부를 하실 만큼 그 작은 짐승에 대한 사랑이 각별했다. 형부에게 쫑이는 그저 개가 아니었다. 무료한 노후를 달래주는 벗이었고 훌쩍 다 커버린 손자들의 자리를 대신해주는 위로였다. 괜히 키우기 시작했나 보다고 후회도 했고, 끝까지 함께 해주지 못해서 미안하다고 마음 아파하면서 눈을 감으셨다. 난 형부에게 잘 키우겠노라고 약속을 했다.

그 후 내 곁에 온 쫑이와 함께한 시간이 강산도 변한다는 10년이다. 그동안 날 기다리는 쫑이를 생각하면서 발걸음을 서둘렀고, 지켜보면서 즐거웠고 재롱에 크게 웃었다. 내게 사랑을 줄 수 있는 대상이 되어주었고 작은 몸짓과 천진한 눈빛으로 그 사랑을 보답했다. 언제까지 귀엽고 팔팔할 것 같은 쫑이가 늙어갔다. 새까맣던 입 주위 털이 허옇게 바랬다. 부실한 이빨 탓에 딱딱한 음식을 잘게 잘라서 주어야 하고, 누가 현관 앞에만 와도 짖어대더니 이제는 제 자리에 앉아서 몇 번 꽥꽥거리고 만다.

비싼 미용비며 치료비를 지불하고 나오면서 중얼거렸다. '공짜가 없는 거야. 내게 웃음을 주었는데, 매일 나를 눈이 빠지게 기다려 주었는데….' 뿐인가. 어머니에게 죄송한 마음이 거듭거듭 든다. 이렇게 돌봐드렸다면 효행상을 받고도 남았을 일이기 때문이다. 몇 번이고 쫑이를 부탁한다고, 마지막 말을 남기고 떠난 형부도 눈앞에 어른거린다. 그분은 그래도 안쓰럽고 염려되는 눈빛이다.

"형부, 약속 지키려고 이렇게 쫑이 잘 지키고 있어요. 염려 마세요. 그런데 노인 봉양, 이거 쉬운 일 아니네요."

이 노인, 불평하는 나를 지그시 올려다보면서 중얼거린다.

"너도 더 늙어봐라. 다 어쩔 수 없는 거다."

빵 굽는 아이

셈 모르는 아이가
빵을 굽는다
엄마 눈물 한 움큼
제 웃음 반 스푼
햇살로 발효된 반죽에
체로 걸러낸 하루가
뽀얗게 부풀어 오른다
화덕 속엔
거꾸로 흐르는 아이의 시간이
노릇하게 구워지고
20살 아기가 익어간다
엄마는 빵을 쳐다만 보고 먹지 못하는데
아이는 입을 크게 벌리고 웃는다
호빵맨처럼

– 졸시 –

현우가 20살이 됐다. 약관의 나이다. 예전이면 성년식을 하고 갓을 썼다. 이때부터 명실상부한 어른 대접을 받는 것이다. 요즘은 아이를 많이 낳지 않다보니 이 나이가 돼서도 엄마만 의지하는 철없는 아이들도 많고 성인이 돼서도 부모 품에 벗어나지 못하는 캥거루족도 늘어난단다. 그래도 20살이면 엄마보다는 친구가 좋고 스스로를 감당할 만한 나이임이 분명한데….

지적장애이고 주의력 결핍증을 가지고 있는 현우는 아직도 엄마하고 함께 자려고 떼를 쓰고 장난감을 가지고 3살짜리 사촌동생과 싸운다. 몸집은 집채만큼 큰데 지능은 5~6살에 머물러 있다. 그런 현우가 올해 고등학교를 졸업했다. 남들처럼 수능을 보겠다고 떼를 서서 엄마를 난처하게도 했지만, 매일 다니던 학교를 가지 않으니 당장 아침 마다 갈 곳이 없어졌다. 일하러 나가는 엄마의 걱정거리였는데 어렵게 제빵교육 훈련생으로 뽑혔다.

처음 빵을 만들어 가지고 온 날 현우 엄마는 울었다고 했다. 신기하고 대견해서. 물론 선생님들의 도움을 받았겠지만, 몇 번이고 "네가 만들었니?" 하고 물었단다. 매일 가지고 오는 빵은 할아버지, 삼촌, 이모와 살고 있는 아파트 경비 아저씨들의 몫이 됐다. 할아버지도 삼촌도 기특하다고 천 원씩, 2천 원씩 주니 현우는 신이 났다.

"처음에는 좀 더딘 애이려니 했다가 장애가 있는 걸 알게 된 후 받아들이기가 힘들었어요. 그래도요. 그동안 머리에 좋다고 해서 호두도 많이 먹여보고요, 좋다는 약초도 많이 먹여봤어요."

현우 엄마의 그 말이 너무 슬펐다. 불가능을 위해서도 최선을 다해보고 싶은 마음.

마음이 자라지 않는 아이. 영원히 엄마 품에서 벗어나지 못하는 아이를 품고 엄마는 참 많이 울었으리라.

"차라리 크지 말고 그대로 아이로 있었으면 좋겠어요."

그 말이 가슴에 짠하게 남는다. 몸집뿐이지만 어른이 되어가는 게 두렵다고 했다. 아이도 아니고 어른도 아닌 상태로 세상을 어찌 살아가야하나 염려스러운 거다. 그래도 현우는 제일 좋아하는 엄마가 곁에 있고 요즘은 매일 빵을 가져올 수 있어서 즐겁다. 새로운 모양의 팽이나 카드, 아주 작은 것 하나만으로도 행복하니 세상 걱정이 하나도 없다.

아이는 빵을 구우면서 조금씩이지만 세상을 배울 것이다. 빵을 반죽하고 부풀기 시작하는 과정을 통해 기다림을 배울 것이고 자신의 손끝에서 빚어진 것이 뜨거운 화덕 속에서 구워지는 것을 보면서 '아, 뜨거워야 빵이 맛나게 익는 구나.' 평범한 진리를 깨우칠 거다. 자신이 만든 것을 나눠줄 수 있는 뿌듯한 만족을 알게 되어서인지 언제나 잘 웃는 아이지만 요즘 더 크게 웃는다.

오늘은 현우가 꼭이 주고 싶다고 빵을 가져왔다. 빵은 소금이 더 들어갔는지 짜다. 그래도 참 맛있다고, 잘 했다고 칭찬을 많이 해주었다. 거듭 하다보면 짜지도 싱겁지도 않은 빵을 만들 수 있지 않을까.

현우를 보면서 먼 기억 속에서 서너 살 어린 나를 찾아냈다. 길을 가다가 음악이 나오면 그 자리에서 신나게 춤을 추었다는 아이. 가던 이들이 발걸음을 멈추고 구경을 했다니… 부끄러움을 몰랐기 때문에 할 수 있는 행동이었다. 어른이 된다는 건 타인을 의식하고 부끄러움을 알기 시작하면서부터가 아닐까. 현우는 지금도 길을 가다가 만화 캐릭터를 흉내 내면서 팔을 휘젓고 껑충껑충 뛰기도 한다. 그 아이는 아마 평생 동심의 세계에서 그렇게 행복하게 살아가리라.

멈춰버린 유년을 비집고 나와 어른 속에 살면서도 어른처럼 살지 못하는 나를 돌아본다. 아직도 유아적 사고에서 벗어나지도 못하면서도 현우처럼 거리낌 없이 춤추고 입을 크게 벌리고 웃을 만큼 천진하지도 못하다는 생각이 든다. 나는 지금 어른과 아이 사이 어디쯤에 와 있는 거지?

마음을 씻어주는 비누

외출 후에 집에 들어서면 제일 먼저 하는 게 손 씻기입니다. 바깥세상 더러움을 모두 떨어버리는 듯이 비누 거품을 내서 구석구석 말갛게 씻고 물로 헹궈냅니다. 살아가노라면 어쩔 수 없이 다시 더러워지겠지만, 순간순간 씻어 버리려는 마음이 곧 내 삶의 철칙이라도 된 듯합니다. 씻고 난 후의 상쾌함에 기분이 좋아집니다. 상큼한 비누 향이 오랫동안 내 곁에 남아 있습니다.

주위에 흔하게 널려 있는 비누는 때를 씻어내는데 쓰는 세정제로, 우리가 일상생활에서 자주 접하는 인공물입니다. 비누의 어원은 '더러움을 날려 보낸다'는 뜻의 비루(飛陋)라고 합니다. 인류가 비누를 사용해온 역사는 매우 길지만, 오랫동안 상류층만 사용하는 사치품에 지나지 않았죠. 우리나라에 들어와서 생활화되기까지도 그리 오래전의 일이 아니랍니다.

비누가 대중화되는 데에는 세계 최초로 인공 소다 제조법을 개발한 프랑스 과학자인 르블랑(Nicolas Leblanc)의 역할이 컸습니다.

몸과 옷을 깨끗하게 하는 '비누'의 기원을 들여다보면 두 개의 단어가 눈에 들어옵니다. 첫 번째는 '오줌'입니다. 고대 로마 시대에는 썩은 오줌과 '표백토'라는 찰흙을 섞어 비누 대용으로 사용했다고 합니다. 또한 우리나라의 고대사에 대해 서술된 『삼국지 위지』 '동이전'에는 '집집마다 오줌으로 손을 씻고 세탁을 했다'는 기록이 남아 있습니다.

두 번째는 구약성서에도 기록될 만큼 오랜 역사를 가진 '잿물'입니다. 나무를 태우고 남은 재에 물을 부어 우려낸 물을 말하죠. 전 세계적으로 잿물은 오래전부터 옷을 세탁할 때 많이 사용되었는데, 우리나라 조상들도 면이나 마로 된 옷을 빨 때 이것을 사용해 세탁을 했습니다.

재미있는 이야기를 하나 하지요. 때는 조선 말. 당대를 주름잡던 민씨 집안에 처음으로 비누가 들어왔습니다. 민씨 집안의 초청을 받고 온 많은 대감들은 처음 보는 이 신기한 물건에 온 관심을 집중하였습니다. 손을 씻어보고, 세수하며 감탄을 연발하고 온갖 아첨을 떨었습니다. 그때, 그 자리에 있던 한 사람이 갑자기 비누를 씹어 먹기 시작했습니다. 대감들은 비누를 먹는 사람이 어디 있냐며 수군댔습니다. 그러자 그 사람은 매우 진중한 얼굴로 대답했습니다.

“당신들은 얼굴에 있는 때를 씻어내려고 하는 것이지만 나는 배 속에 있는 때를 씻어내려고 비누를 먹고 있소이다. 무엇이 잘못됐소?”

그러자 갑자기 찬물을 끼얹듯 좌중이 조용해졌습니다. 바로 이분이 독립운동가 월남 이상재 선생입니다.

그렇지요. 비누로 몸을 깨끗이 씻어내고 옷을 빨아 입고 나서면 무엇 하겠습니까. 보이는 더러움이야 깨끗해질 수 있지만 보이지 않는 마음 속 더러움은 무엇으로 씻어낼 수 있을까요. 성인들의 가르침이나 온갖 믿음의 가설들이 그 역할을 할 수 있다고 하지만, 받아들이는 자신이 스스로 몸을 깎는 아픔으로 작아지지 않으면 어려운 일 아닌가요.

한편 비극을 봄으로써 마음에 쌓여 있던 우울함, 불안감, 긴장감 따위가 해소되고 마음이 정화되는 일을 카타르시스라고 합니다. 실컷 울고 나면 눈물이 마음을 씻어주는 세정제가 된다는 것입니다. 그러나 슬픔이 거품이 되어 마음 속 상처의 흔적을 지워주기까지, 비극과 하나 되는 아픔이 왜 없겠습니까.

매일 매일 손을 씻고 살듯이 마음도 씻어주는 나만의 ‘비누’를 만들어 봅니다. 때론 마음이 아픈 그 누군가에게 한 손 내밀어줄 때, 그 상처들을 보듬어 주는 행위가 비누거품 되어 나를 씻어주기도 합니다. 자연이 주는 초록바람 듬뿍 담은 비누도 탁한 가슴 속을 씻어 주기도 합니다. 또 요즘은 시를

낭송합니다. 대단한 시낭송가가 되고자 함이 아니라 시를 외고 소리 내어 읊조리는 행위가, 그 순간 마음 속 깊은 상처를 치유해주는 듯해서입니다. 시낭송이라는 비누는 마음을 씻어주고 스스로는 작아집니다. 결국 본래의 시는 사라지고 마음 한 자락이 시처럼 정(淨)해집니다.

살아간다는 것은 스스로 비누처럼 끊임없이 더러움을 씻어내어 깨끗하게 만들고, 다시 씻어내고를 반복하는 것이라는 생각이 듭니다. 그러다보면 몸은 닳아 작아지고 결국 형태도 없이 사라져 흔적을 찾을 수도 없겠지만, 거품 속 향기는 오래 기억 속에 남고 그 과정은 전설이 되어 가슴을 파고듭니다.

위대한 똥말, 차밍걸

세상은 일등만 기억한다. 올림픽에서도 금메달 수상자에게만 관심이 쏠린다. 아주 작은 차이로 은메달이나 동메달 혹은 등외 자가 된 이들은 운(運)이라는 보이지 않는 손을 원망도 해보고 다음을 기약하면서 스스로 위로를 삼을 수밖에. 그래도 부러움의 눈빛은 어쩔 수 없다.

95전 95패, 이럴 수가. 한 번쯤은 이기고 들어와도 되지 않을까. 오죽하면 똥말이라는 소리까지 들었겠는가. 그래도 포기를 몰랐다고 한다. 경주마, '차밍걸' 이야기다. 경마는 순

위를 다투는 스포츠다. 1등에게는 항상 스포트라이트가 비춰지지만 그 이하는 그늘에 가려져 보이지 않는 법이다. 하지만 경마에서 1등을 할 수 있는 확률은 대략 10퍼센트 내외. 모든 경주에서 1등은 한 마리뿐이고 나머지는 전부 1등을 못하게 된다. 결국 1등을 하지 못하는 마필이 필수적으로 존재할 수밖에 없는 것이다.

'차밍걸'은 마주가 빚 대신 떠안은 말이다. 체구도 작고 출생도 혈통도 보잘것없다. 하지만 부진한 성적으로 지금까지 살아남을 수 있었던 것은 다른 말보다 빠른 회복 능력을 지녔기 때문이다. 보통 경주마는 1개월 보름 만에 한 번 정도 출전하지만, 차밍걸은 1개월에 두 번 경주에 나가는 경우가 대부분이다. 다른 경주마보다 2배 정도 더 일을 많이 하는 셈이다.

차밍걸 이야기를 들으면서 떠오른 건, 이런 저런 사연이야 있겠지만 한 세상 남보다 앞장서서 살아오지 못한 그녀의 모습이다.

어린 시절에 유난히 몸이 약했다. 뜀뛰기에서 다른 친구들보다 앞서 뛰어보지 못했다. 줄넘기에서도 박자 맞춰 뛰어 들어가지 못했다. 부모님은 그녀가 매일 아침에 눈을 뜨고 학교에 가고 하는 일상적인 일을 수행하는 것만으로도 대견해 하셨을 정도다.

그뿐인가. 받아쓰기 5장하라고 하면 꼭 5장만해야 하는 줄 알았고, 국어책 10번 읽고 오라면 꼭 10번만 읽어야 하는 줄

아는 아주 융통성 없고 답답한 아이이기도 했다. 선생님이 "나무를 꺾으면 안 돼요. 나무가 아야, 해요." 하면 본인이 꺾지 않음은 물론이거니와 다른 이들이 꺾어도 큰일나는 줄 알고 펄펄 뛰며 말리는 아이였다. 사진을 찍을 때 뒤에 아이가 안 보인다고 하니 허리를 반쯤 구부려 바보스러운 폼으로 서 있던 아이다.

어른이 되어가면서 조금씩 세상 살아가는 이치를 깨우쳤겠지만 그 답답하고 융통성 없음이 쉽게 고쳐질 병이 아니다. 앞서려면 남보다 강하든지, 꾀를 부리든지 해야 한다. 그러나 그녀는 약삭빠르게 계산 하거나 요령을 부리지 못하고 한 우물만 팠다. 그러니 매사에 크게 발전하지 못하고 자신의 테두리에 갇혀서 살게 되었다. 다행스러운 건 끈기는 있어서, 오늘까지 인생 레이스 쉽게 포기하지 않고 달릴 수 있는 건 아닐까.

2008년 데뷔 이후 한 경기에서도 우승을 기록하지 못해서 한국경마 연패기록과 현역 경주마 최다 출전 기록을 갈아 치우며 화제를 모았던 '차밍걸'은 과천 서울경마공원에서 열린 제7경주에서 다시 한 번 우승에 실패하며 100전 100패를 기록했다. 그런 차밍걸 그에게도 팬이 생겼다. 세상이 그에게 관심을 갖기 시작했다.

"성적은 꼴찌지만 최선을 다했기에 우리에게 챔피언입니다."

뛰어도 1등을 하지 못한 말. 100차례 경주에 출전해 한 번도 우승을 못한 말. 이런 말이 주목을 받게 될 줄을 누가 알았겠는가. 화려한 시상식이나 빛나는 월계관은 없지만 끝까지 달려온 그의 모습이 세상 무엇보다 멋졌다. 그는 일등은 아니었지만 박수를 받을 만했다.

강한 자와 일등만이 기억되는 세상에서 그녀 또한 한 번도 앞장서지 못했다. 단지 포기하지 않고 달려간다는 이유만으로 세상이 그녀에게도 박수를 보내줄까. 그녀는 고개를 젓는다. 크게 세상의 관심을 끌지도 못하는 자신을 한탄하지도 않고 팬이 생기기를 기대하지도 않는다고.

그녀는 상처로부터 빨리 벗어나기 위해서 쉬지 않고 달려왔다고 한다. 멈추면 더 아파지기 때문이다. 앞으로도 이제껏 살아 온 대로 자신의 길에 최선을 다하리라. 그러나 가끔 스스로 너무 작다고 느껴져 주저 앉고 싶을 때면 차밍걸을 떠올린다.

"넌 참 멋져! 난 네가 자랑스러워!"

사랑스런 여인

미인의 첫째 조건은 시각적인 면도 있어야 하나 그 위에 사랑스러움이 우선이어야 한다고 본다. 사랑스러움이 결여된 사람이라면 조각상이나 그림 속, 아니면 꿈속의 미녀에 불과할 뿐이지 않나.

중국 청대의 평범한 선비인 심복이 17년의 세월에 걸쳐 진솔하게 써내려간 「부생육기」에는 아내 운과의 애틋한 사랑, 심복이 겪은 청대 사회에 대한 진솔한 묘사 등이 잘 드러나 있다. 특히 심복의 아내 운은 비록 빼어난 미인은 아니었지만, 세상의 모든 아름다움을 사랑하는 마음을 지녔다. 남편과 더불어 오이, 두부를 재치 있게 이야기하거나 문학, 미술을 진지하게 토론하기도 하는 등 사랑스러운 매력으로 독자들을 사로잡는다.

운은 작은 비단 주머니에 엽차를 싸서 저녁에 연꽃 속에 넣어둔다. 연꽃은 밤새 별빛과 달빛 이슬을 맞으며 차에 촉촉이 향이 배어들게 했다. 그래서 샘물에 끓여 아침마다 남편에게 내주는 차의 향이 특이했다. 넉넉지 않은 형편이기에 남편에게 고급 차 대신 스스로 만들어낸 향기로운 차를 대접하고 싶었던 거다.

두 사람은 예술가다운 기질의 인물로서 적어도 그들에게 찾아드는 행복이라면 어떠한 것이든 이를 놓치지 않으려고 했다. 그들의 생활은 소박하고 꾸밈이 없다. 운이 중국문학사에 나오는 여인 중 가장 아름다운 여성으로 생각되는 것은, 두 사람의 생활은 넉넉지 않았으나 그래도 매우 명랑한 생활을 했기 때문이다. 그것도 마음속에서 솟아나오는 명랑함이었다.

12월 마지막 무렵 전시회장에서 그녀를 만났다. 여전히 소탈한 웃음 속에 따뜻한 편안함이 건네지는 듯했다. 내가 늠름하게 잘생긴 그녀의 남편인 J를 만난 건 아직 두 사람이 결혼하기 전이다. J는 고교 시절 축구선수로 활동하다가 수영 중 사고로 경추마비라는 불운을 겪은 뒤 구필화가로서의 새 삶을 시작했다. 육신의 불편함을 신앙으로 다스리고 살아가는 듯 보였다.

'보고 듣고 말하고 먹고 마시고 느끼고 그림을 그릴 수 있어 감사합니다. 비록 밖에 나갈 수는 없지만 누군가를 위해

기도할 수 있는 난 행복합니다.' 그녀는 선교소식지에 이렇게 쓰인 J의 글을 읽었다. 당시 지체장애인 고아원에서 일하고 있었는데, J를 찾아와 먼저 청혼을 했다.

친정 부모님의 반대가 심했다고 했다. 그래도 여덟 살이나 아래이며 손가락 하나도 자유롭게 쓰지 못하는 J를 곁에서 도와주려 결혼결심까지 한 그녀. J는 그녀에게 주례목사님이 건네준 반지를 입으로 받아 손가락에 끼워주며 영원을 약속했다.

지금은 차에 리프트를 설치했지만 결혼 초에는 J를 휠체어에서 차로 옮기려면 업어야만 가능했다. 자신을 감당 못 하면 체증은 더 나가기 마련이다. 그래서 그녀는 늘 허리 통증에 시달려야만 했다. 그러나 그녀의 표정은 항상 밝고 편안해 보였다. 또한 그림수발로 그치지 않고 남편의 못다 한 공부 뒷바라지를 시작했다. 통신고교를 나온 뒤 교육대상자 특별전형을 통해 대구대 회화과에 입학했다. 그녀의 도움 없이는 모두 불가능한 일이다. 학교 측은 이 부부에게 교수 기숙사를 제공하는 특별 배려를 해주었다.

J는 대한민국미술대전에 입상하고, 대한민국장애인미술전에서 대상을 받으며 두각을 나타냈다. '제5회 21세기를 이끌 우수 인재상'을 받았다. J의 그림은 미술인들의 선망인 예술의 전당 전시관에 메인 작으로 초청돼 전시회를 갖기도 했다. 그 모든 상은 단독으로 받는 상이 아니다. 함께했기에 가능한 일이다. 그녀는 남편의 눈빛만 봐도 그의 배고픔이나 만복감,

아픔이나 불편함도 자신의 것으로 느껴진다고 했다. 말이 없어도 그가 다음 그릴 물감의 색상을 척척 골라내는 것이, 그들은 전생에서부터 몸도 마음도 하나가 아니었을까 하는 생각을 하게 만든다.

그들은 충남 당진에 작은 집과 화실을 마련해서 작품 활동에 몰두하며 살고 있다. 텃밭과 꽃밭이 어우러져 소박하지만 아름다운 곳이다. 그들 부부는 각각의 목소리가 아닌 하나의 목소리로 이야기한다

"환경과 여건을 불평하며 사는 이들에게 자기가 가진 것이 얼마나 소중한가를 찾아주는 일을 하고 싶습니다."

나는 그녀의 모습에서, 진정한 아름다움을 찾아 사랑할 줄 알았기에 가장 아름다운 여인이라는 칭함을 받고 있는 운이를 떠올린다. 누구와도 견줄 수 없는 깊은 사랑을 지닌, 값비싼 향수로 대신할 수 없는 향기를 지닌 운이처럼 진정 사랑스러운 여인이 아닌가.

손끝에서 떠도는 말

가끔 우리 집 견공 쫑이가 말을 할 줄 알았으면 좋겠다는 생각을 해본 적이 있다. 대화가 통하지 않는 답답한 사람과 만나고 온 후 그런 생각이 부쩍 더 든다. 나만 의지하고 따르는 쫑이가 말을 할 줄 안다면 이런저런 이야기를 나누다가, "네, 네, 이모가 옳아요. 저런, 그 사람 나만도 못하군요." 하며 내 말에 적극 맞장구를 쳐준다든가, "간식 더 주세요. 맘마를 좀 더 영양가 있는 것으로 바꿔 줄 수는 없나요. 운동량이 부족해요. 산책 시간을 늘려주세요."

뿐인가, "옆집 메리는 화사한 원피스를 입었던데, 나는 왜 매일 이 옷만 입어야 하죠."

물론 이런 수준까지 간다면 좀 곤란할 수도 있겠다고 고개를 젓다가, 그래도 말할 줄 아는 쫑이의 모습을 그려보면서 혼자 웃었다.

사실 쫑이가 어려서는 말을 곧잘 했다. 훈련을 시키면 말을 더 잘하지 않을까 싶을 만큼 큰 눈을 껌뻑이면서 꽤 주절거렸다.

차를 태워서 먼 동물병원을 갈 때였다. 가는 동안 계속 떠들어댔다.

"꾸꾸꾹 꽉꽉 울랄라.(어디 가는 거죠? 왜 가는 거에요?)"

언제가 미용을 하고 난 후 데리러 갔을 때도, 심히 노한 목소리로 떠들어댔다.

"꽉, 꽉 꾹꾹, 끽끽(아프게 했다고요. 쥐어박았다고요.)"

난 쫑이의 통역까지 맡아서 미용사한테 항의(?)를 했다.

"우리 쫑이 아프게 했지요. 실수로 상처를 입혔나요? 때리지는 않았나요? 쫑이가 그렇게 일러바치는 데요."

나의 농담에 미용사도 따라 웃으면서 아니라고 변명했다.

그런데 언제부터인가 쫑이가 전처럼 말을 하지 않는다. 언니가 한참 있다 오시면 펄펄 뛰면서 '캭캭!'거리며 숨이 막히도록 떠들어대더니, 이제는 반가움의 눈빛만 넌지시 보낸다. 14살이 되었으니, 살 만큼 살아 세상의 이치를 다 깨우쳐서 궁금한 것도 없어졌나. 함께 살아온 세월이 얼마인가. 우리는 그렇게 눈빛만 보아도 상대편의 심중을 헤아리는 사이가 됐는지도 모른다.

얼마 전 폴더폰을 쓰다가 스마트폰으로 기기를 바꾸고 나서 카톡의 편리한 기능에 흠뻑 빠져들었다. 국내 외 친구들과 사진이나 소식을 즉석에서 주고받는다. 뿐인가. 보이스톡을 이용해서 요금도 내지 않고 국제전화까지 할 수 있다. 우리 친구들도 서둘러 카톡방을 개설했다. 그 방엔 유익한 정보들이 넘쳐났고 신기한 동영상까지 보는 재미가 쏠쏠하다. 그러나 대화의 창구가 얼굴을 마주하며 나누는 것도 아니고, 전화를 통한 목소리 대 목소리도 아니다. 사람이 숨어버린 공간에서 글자가 오고가고 음악이 흐르고 영상이 움직인다. 급기야는 사람과 사람 사이에 흐르는 가슴의 언어가 아닌 떠도는 기계적 언어로 인해 상처 받는 친구들도 생겼다.

밥을 지을 때 불을 지피고 뜸을 들이고 밥이 익기를 기다리는 대신에 '햇반' 같은 즉석 밥이 등장하는 것처럼 여과 없는 대화들이 쏟아져 나왔다. 정확하지 않은 정보들을 퍼 나르기도 하고, 정치나 종교에 견해가 다르다고 의미 없는 대화에 대단한 의미를 지닌 것처럼 질타를 하기도 하고, 구구하게 변을 늘어놓는 이도 있다. 물론 따뜻하고 유익한 대화도 있다고 이의를 제기하는 이도 있으리라. 빠른 정보력 때문에 공지를 올리기 좋다고도 한다. 어느 것이든 득과 실이 있는 것이 세상 이치 아니냐고, 시대적 물결을 외면할 수도 없지 않느냐고 한다. 맞다. 그 편리함을 다소 편리하지 않게 만드는 이들이 있을 뿐이지.

쫑이가 예전처럼 주절거리지 않는 건 나의 눈빛만 보아도 나의 심중을 헤아릴 나이가 되었음일까. 우리가 만난 지 얼마 안 되었을 때는 견공의 신분을 뛰어 넘어서라도 떠들어야만 내가 알아들었기 때문이었다. 이제는 나도 쫑이도 눈빛을 통해 서로가 요구하는 걸 알 만큼 익숙해졌다. 익숙해지기까지는 상대편을 깊이 알고 이해하려는 서로의 노력이 필요했다. 나름 나도 쫑이도 노력한 것이다.

요즘은 눈빛도 가슴도 아닌, 손끝에서 떠도는 언어들이 오가는 그림자 방들이 꽤 흥청댄다. 그곳을 이해하기 위해서도 그것들과 익숙해져야 하지 않을까. 편리함을 누릴 수 있기 위해서는 그 편리함도 깊이 이해해야 하는 거라고. 혹자는 무용론에 빠져서도 안 되고 중독증도 경계해야 한다는데 그 중간쯤을 지키기가 어디 쉬운 일인가.

박새 둥지

오래전이다. 아버지 생전이시니 내가 아직 젊었을 때이고 수유리 근처에서 살았을 때다. 그 무렵 나는 오랜 투병 후에 건강이 많이 회복되어 아버지와 우리 집에서 태어난 예쁜이라는 하얀 진돗개를 데리고 뒷산을 산책하곤 했다.

그날도 뒷산에 올라갔다. 희뿌연 하늘이 불룩하게 비를 품었지만 그때까지 비는 내리지 않았다. 아버지와 나는 잠시 가쁜 숨을 쉬면서 이런저런 이야기를 나누고 있었는데, 갑자기 예쁜이가 달려가면서 짖기 시작했다. 거기에는 비닐 천으로 엉성하게 지붕을 만든 움막 같은 것이 보였다. 그 이상한 집을 보고 개가 짖기 시작한 것이다. 움막 주위에는 아들과 어머니인 듯한 두 사람이 엉거주춤하게 서서 무척 당황한 표정으로 우리를 쳐다보고 있었다.

그들은 사람들의 눈길을 피해 구석진 곳을 찾아서 만든 임시거처를 들켰다는 것에 어쩔 줄 몰라 했고, 아직 젊은 아들은 젊은 여자가 서서 자기를 바라보고 있다는 사실에 더 몸 둘 바를 몰라 했다. 아버지와 나는 예쁜이를 달래서 서둘러 그 자리를 피했다. 사실 우리도 놀랐기 때문이다.

돌아서 산을 내려오는데 빗방울이 한두 방울씩 떨어지기 시작했다. 비에 젖을세라 서둘러 집으로 오는데, 이상하게도 조금 전에 본 그 풍경이 눈앞에서 지워지지 않고 계속 따라오는 것이다. 뭔가 음식을 끓이려고 불을 피우려는 듯했던 그들이….

'비가 내리면 저 사람들은 어떻게 하지?'

열흘 전쯤이다. 현관 옆 전기 계량기 부스 안에서 삐삐거리는 소리가 들렸다. 나는 처음엔 기계가 고장이 나서 이상한 소리를 내는 줄 알았다. 그러나 계량기 안에서 나와 푸드득거리며 날아가는 어미 박새를 보았고, 계속 들려오는 건 아기새 울음소리가 분명했다. 복도식 아파트인 현관 옆에는 각 세대마다 전기계량기 부스가 설치되어 있다. 그런데 다른 집들은 모두 투명한 덮개가 있는데 어찌된 일인지 우리 집 것만 없었다. 용케도 그걸 알아차린 어미새가 그 안에 둥지를 틀고 새끼를 키우는 중이었다. 나는 현관문을 여닫을 때도 아기새가 놀랄세라 조심조심 드나들었다.

그러나 언제부터인가 안쪽에서 삐삐거리던 새소리도 들리지 않고 어미새도 들락거리지 않는다. 뭔가 불길한 생각이 들었다. 며칠을 망설이고 기다리다가 오늘은 관리소에 전기 계량기 안을 봐달라고 부탁했다. 결국은 전선이 얼기설기 엉킨 좁은 공간에서 날아가지 못한 3마리의 아기 새가 죽어 있는 것을 확인하고는 가슴이 먹먹해져서 한참 동안이나 그 자리에서 움직일 수가 없었다. 어디에 둥지를 만들 곳이 없어서 이 편안하지 못한 곳에서 새끼를 키우려 했단 말인가.

아파트 뒤에는 나무들이 제법 즐비하게 자라 숲을 이루었지만, 주차장 증설을 위해 언제 자리를 빼앗길지도 모른다. 더구나 나무보다 더 높다란 건물들 탓에 햇빛도 바람도 인색하다. 그뿐인가. 얼마큼에 한 번씩 독한 소독약을 뿌려대니 안전한 장소라 할 수도 없다. 그래서 천적의 위협으로부터 새끼도 보호하고 가장 안전하다고 여긴 이곳에 둥지를 만든 것이다.

그 다음날부터 장맛비는 또 왜 그렇게도 무섭게 쏟아지는지. 비 내리는 창밖을 내다보며 아주 오래전 산 속에 움막집을 생각했다. 그들도 처음에는 집이 있었을 것이다. 혹 사업에 실패를 해서 집을 잃고 전세로 사글세로 더 작은 집으로 밀려, 그나마 그도 다 잃고 산골짜기까지 오게 된 것은 아닐까. 둥지라고 만든 것이 불안전하여 비가 오거나 바람이 불면 떠내려 갈 듯했고, 누군가의 눈에 띄면 철거당할지도 모른다는 불안감에 선잠을 잤겠지.

박새가 만든 둥지도 이젠 흔적이 없다. 부스를 밀폐해 버렸다. 더 나은 곳을 마련해 주지도 못하고 인색하게 대문을 닫고 못을 박아버린 것이다. 무수히 엉킨 전선줄 위에 몇 개의 깃털을 치우며 자꾸 '미안해, 미안해' 중얼거렸다.

제집은 물론이고 전셋집도 사글세 집도 못 구하고 이곳까지 찾아온 박새에게 편안하게 새끼를 키워 날려 보내주지 못한 게 내 책임이나 된 듯이, 마음이 비를 잔뜩 품은 하늘처럼 무겁게 내려앉는다.

청춘사진관

'여자 10대는 통통 튀는 농구공, 모든 남자들이 그녀를 쟁취하기 위해 뛰어 오른다. 20대는 럭비공, 어디로 튈지 모르는 공을 차지하기 위해 남자들은 치열한 사투를 벌인다. 30대는 탁구공, 치열하진 않지만 집중력이 높다. 40대는 골프공이다. 한 남자가 공 하나만을 바라보고, 경쟁자는 없다. 50대 이후는 남에게 던져주는 피구공으로 전락한다.'

어느 영화에서 들은 이야기다. 여자와 공에 대한 비유가 이렇게 적절하다니, 기가 막힌다. 나 또한 이 모든 과정을 걸쳐 이미 오래전 낡은 피구공 신세로 전락되었음을 새삼 깨닫고 침울한 표정을 짓고 있다. 그런데 마침, 피구공을 반납하면 반짝거리는 새 럭비공으로 돌려준다는 희한한 곳이 있다는 입소문을 들었다. 헌 램프 주고 새 램프 바꿔 준다는 아라비안나이트의 이야기도 아니고 그런 곳이 과연 있을까, 하며 고개를 갸웃했다. 사실 요즘 그것을 빙자해서 여기저기 간판을 내건 곳도 꽤 있다고는 하지만… 간절히 찾는 이에게만 슬쩍 모습을 드러낸다는 곳. 진짜, 원조 청춘사진관이 있기는 있는 걸까?

영화 '수상한 그녀'의 첫 장면은 어느 대학 강의실이다. 교수는 노인들에 대한 연상을 질문한다. 학생들은, 검버섯과 주름살, 냄새, 잔소리, 고집 등이라고 대답을 한다. 자신들은 늙지 않을 거라고도 한다. 30세쯤 되면 자살할 거라는 여학생도 있다. 과연 그럴까?

일찍이 남편과 사별하고 홀로 아들을 훌륭하게 키워온 억척 할매 오말순(나문희)도 생전 늙지 않을 것만 같았단다. 그러나 나이를 먹으면서도 어린 아들을 두고 죽을 수가 없어서 고된 인생 억척스럽게 살아왔단다. 아들을 끔찍이 생각하며 며느리에게 쓴 소리를 아끼지 않지만 며느리가 그로 인해 스트레스로 심장병에 걸리고 결국은 어머니를 요양병원으로 모시자는 의견이 나온다.

그 말을 들은 욕쟁이 칠순 할매 오말순은 섭섭한 마음에 무작정 집을 나선다. 그리고 사진이라도 곱게 찍어 남겨 놓자고 길가 '청춘사진관'으로 들어간다. 사진관도 사진사도 평범

하기만 하다. 그런데 "젊게 찍어드릴게요."라는 말과 함께 사진기 셔터를 누르는 순간 갑자기 노인의 모습은 사라지고 꽃다운 모습으로 변해 버린 것이다. 그 사실을 알아차리지 못하고 거리로 나서 차장에 비쳐진 모습으로 자신이 변했다는 걸 알게 된다. 꿈인가 생시인가 하며 다시 되돌려야겠다 싶어서 사진관을 찾아가지만 아무리 둘러봐도 사진관은 없다.

할머니는 틀니도 필요 없게 되고 이곳저곳 아프던 몸도 말짱해진다. 자신을 보는 세상의 눈길도 달라졌다. 뭇 남성들의 관심을 듬뿍 받는다. 할 수 없다. 이젠 순간을 즐겨야겠다고 생각하고 스무 살 시절로 돌아가 오두리(심은경)의 삶을 살게 된다. 발랄한 옷을 사 입고, 하고 싶었던 노래를 하고 젊고 멋진 남자 승우(이진욱)를 보며 가슴도 설렌다. 다소 비현실적인 극 전개이지만 영화는 오히려 지극히 현실적이다. 젊은 관객들은 부모들의 청춘을 상상하며 자식들을 위해 젊음과 꿈을 버리고 살아온 이야기에 함께 가슴 아파한다. 연세 지긋한 관객들은 자신의 과거를 떠올리며 웃기도 하고 눈물을 글썽이기도 한다.

영화는 젊은 시절로 돌아간 오말순의 행복을 통해 나에게도 질문한다.

"당신은 언제로 돌아가고 싶나요? 그 시절로 돌아가면 무얼 하고 싶나요?"

아무래도 럭비공 시절이 제일 좋을 듯싶다. 빛나는 눈빛으로 세상을 바라다보고, 늘씬하게 차려입고 모델을 하는 건 어떨까. 새처럼 하늘을 나는 번지 점프를 꼭 한 번 해 보고 싶은데. 해변에서 수상 스키도 타 보고 싶다. 그래픽 디자인이나 방송작가가 되어 있는 모습은 어떤가. 탤런트 김수현처럼 멋진 남자로부터 프러포즈를 받아 보는 것도 신날 듯싶다. 아, 꿈이 너무 큰가. 아쉽지만 한 발 뒤로 물러나보자. 탁구공 정도만 되도? 아니, 골프공만 돼도 괜찮은데.

영화관을 나서며 길가를 흘긋거린다. 영화 속처럼 '청춘사진관'을 찾기 위해서다. 그러나 사방에 주름과 검버섯을 없애주는 성형외과 간판만 촘촘하게 걸려 눈길을 끌고 있다. 풋풋한 젊음까지는 어림없겠지만 시간을 조금 당겨볼 수 있다면 그곳도 청춘사진관이 아닌가… 하며 기웃거려보는데.